U0035503

有一種記憶

我在紅色十年

王宣 著

代序
王宣和他的三本書

又接到王宣先生的電話。

平日我們各自忙碌，不常聯繫，如有電話至，通話時間都比較長，先聊些各自從事領域的事情，並發表諸多感悟，最後講重點。王宣先生善於娓娓道來，他講話邏輯性強，聲調溫和，使人聽了很舒服。說到興奮處，常會爆發出爽朗的大笑，讓人很受感染。他亦善傾聽，我講時，他便仔細聆聽，不時回應一下。和他交流，亦與智者交談也。

我與王宣先生交往二十多年，儘管不甚緊密，但交往沒有中斷過，已經是老朋友了。

這次，他希望我為他的著作寫序。寫序不敢，寫幾句話倒是可以的。我說。以王宣先生的人脈和交往，名家、學者何其多也，應該是輪不上我的。再說，我是搞出版的，瞭解寫序言的份量，應名家來寫。提升著作的影響力和發行量，序言更是一個重要的途徑。

他倒十分認真，說一定要我寫個序言。他有三本書與我有關聯，知根知底，有權威發言權。如此說來，我不太好推辭了。

與王宣先生交往是上個世紀九〇年代初期，由胡石言先生介紹認識的。石言老師在新時期文學中，是一位寫得不多，卻極有份量的作家。如今我每每聽到《柳堡的故事》的歌聲時，便駐足聆聽，想念之情油然升起。我幾年前寫過一篇文章，《一本增刊引發的紀實文學熱潮》，詳細地講述了與王宣交往的過程。當年石言老師的隨意之舉，竟產生了一部引發中國將帥體裁熱潮的作品《許世友之謎》，而作者，就是這位王宣先生。

這是我對這部作品影響的介紹：「……一九九五年一月份《今古傳奇•增刊》，發表了一部名為《許世友之謎》的將帥體裁的作品，初稿完成於一九九二年，修改定稿於一九九四年下半年。出版時間應該是一九九五年三、四月間，刊物上市後，風靡全國，一再加印，其印數高達幾十萬，十多年間，該增刊發行量，至少不下五百萬冊。最值得注意的是，一本有週期性質的增刊，在十年後，依然加印發行，其加印版本，不敢做半點修改。這樣一本增刊，在上市不久，便引發了將帥體裁的熱潮。一時間，將帥體裁行銷中國大地，從《許世友之謎》到《彭德懷之謎》、《葉挺之謎》、《劉伯承之謎》、《林彪之謎》等等，大小書攤這類體裁大行其道。風靡一時的將帥人物後，即從傳記變成為軍種之謎了，什麼第四野戰軍之謎等等。先是對正方人物和部隊要大歌特歌大樹特樹，再對反方的將領和兵敗如山倒的軍隊及其醜行逆行和失敗的原因揭露批判，自然也要津津樂道追尋其傳奇經歷……」

《許世友之謎》這部作品的長久風靡，除卻許世友本身的傳奇經歷外，它產生如此影響力，還基於另外一些原因。新時期文學中，儘管有一批衝破禁區寫領袖和將帥體裁的作品，因為種種原因，作品其實是為數不多的，《許世友之謎》的出版發行，在恰到好處的時機，成為將帥體裁的引爆點，從而開啟了一個將帥體裁的熱潮。如前所述，這類體載有嚴格的審查機制，其作品出版後，是放大的履歷本，只能供研究者參考用。而《許世友之謎》的寫法，分章，大標題套小標題，以一個個真實生動的小故事串連而成，獨具開創性，閱讀性強，更具吸引力，故成為諸多將帥體裁作品的藍本。

許世友所處的時代是一個波瀾壯闊風起雲湧的大革命時代，也是一個天造英雄的時代。他如所有的將帥一樣，都具有很強的傳奇性，練功於寺院，出生於草莽，成就於革命隊伍中。他那天不怕地不怕，每次充當敢死隊，就是當了軍長也親自執大刀上第一線戰場的鬥志；還有他那特有的農民式的精明，在險惡的政治旋渦中，一直屹立不倒；到了英雄暮年，還指揮了一場舉世矚目的反擊戰爭；相對於其他將帥，他的個人魅力要持續長久一些。由於道聽塗說的傳說過多，掩蓋了真實的許世友，使人難以分辨其真實性。我在幼年，曾聽鄉人談起許和尚，說他永遠是腰別雙槍，凡是接近他的人，要聲音響亮地打聲報告，老婆也不例外，有幾任老婆忘了喊報告，被他當場擊斃。而《許世友之謎》適度地把這種真實性呈現給讀者。

一九九五年增刊發表之後，雜誌社收到了大量的讀者來信，所有信函無一例外指出，「這是一個真實的許世友」。比如許世友堅持死後棺葬，鄧小平特批，在南京製作棺材時，被不明真相的人舉報「有人搞封建迷信」。他一輩子改變不了農民式的作派，會把自己住所搞成雞鴨豬成群，蔬菜瓜果滿院的格局，對那些修剪得整齊美觀的綠色通道，造型別致的盆栽，景致，毫不留情剷除或搬遷。傳記文學還有一個特點，就是要以數字來闡述其真實性，作者也列舉了一些關於許世友的資料，種一個地瓜多少斤，通過誰誰誰送給了毛主席，這樣的數字是真實性的佐證，反映時代風貌，十分風趣和耐人尋味。

我們之所以注意到許世友這個選題，是因為之前編輯部陸續收到了一些關於許世友的作品，有的篇幅過長，有點水分太多，當然也不乏許多生動的故事，但為了奉獻給讀者一個真實的、活生生的許世友，則必須找南京軍區的人，因為許世友在南京軍區當了二十多年的司令員。

石言老師說，約稿非王宣莫屬，此人熟悉許世友。他曾參加許司令回憶錄寫作班子，還長期擔任中顧委委員、南京軍區第三任司令員聶鳳智的秘書。許世友晚年直至逝世，許多事情是他親歷和親眼所見。他還是南京軍區司令部有名的筆桿子，曾因寫作被授予二等功、三等功。由他撰寫，滿是真情實感，寫得也就自然貼切，真實生動了。

當時的王宣先生真是大忙人。由於是石言老師親自引見，王宣先生勉強接待了我們。他已從部隊轉業，任職於江蘇省委宣傳部下面的江蘇省文化藝術活動中心。我們去時，他正組織一批香港天王級影星和歌星，到南京五臺山體育館搞演出。那時，演員走穴之風尚未開始，引入香港影星歌星來寧演出，絕對是開風氣之先，演出現場水泄不通，場場爆棚，達到了萬人空巷的地步。

當時他的身分是演出活動的總策劃和總操盤手，也就是王宣總。待我們說明來意後，他很感興趣，但卻毫不留情地拒絕了約稿。我們在他辦公室，目睹了他的無比忙碌狀。在我們交談的過程中，有幾批人來請示，又來了幾個電話，他還要舉起磚頭式的手提電話對演出工作遙控指揮。

向這樣的老總約稿，我一面心涼了半截，一面又不死心，繼續催要約稿。而他呢，也許是這個選題正巧搔到了癢處，也許被鄙人的真摯所感動，居然被我逼到了賓館（費用由他自理），迫其放下手中要務，靜下心來撰稿。再後來，他閉門昏天黑地地寫了半個多月，平均每天寫作一萬多字，終於交稿，讓我大喜過望。每想到與他的那段交集，自認可本人還是一個稱職的策劃編輯，很有成就感。

後來常想到，王宣總一年內不斷搞這類大型活動，怎麼會有時間來接我約稿的活兒呢？現在看到他的《有一種記憶——我在紅色十年》自傳體著作時，我才明白，非我之能也，是他太過深厚的文學情結，被我恰如其分「逼」得激發出來了。

嚴格來說，《許世友之謎》載體是一本增刊，每年規定出版多少期，不可少發，更不可以多發，如要多發，必須申報。因為《許世友之謎》產生的影響，王宣先生第一次同時迎來了十多家出版社的約稿，使他有點應接不暇。最終選中江蘇人民出版社出版《毛澤東之劍》，並由該社吳源社長親任責任編輯。把許世友比喻為「毛澤東之劍」，也是王宣先生的睿智之處。許世友追隨領袖一生，每到革命的風口浪尖的關鍵處，他都像把利劍出鞘。連毛澤東逝世，只有他敢帶槍進入靈堂。毛澤東之劍是對許世友的高度概括，把整個人物高度提升了一個層面。

還記得定這個書名時，我與王宣先生通過一次電話，他分析說如果出版著作，定名為《許世友之謎》，份量不夠，也缺少幾分厚度和深度。我當時從發行和影響來考慮，認定《許世友之謎》作為書名，發行量只會有增無減。顯然，他沒有注意我的表述，突然提高聲音說，有了，就定《毛澤東之劍》。這個書名，就是他的一次急智的產物。名字確實有亮點，我似乎還想堅持我的意見，只怕出版社願意用原名。他已經下定了決心，果斷地說，這個不管，他們不採用這個書名，我們換一家出版好了。

書名，就是一本著作的靈魂，這樣定下來，作品的風格，就要作比較大的修改和調整，行文和章節自然不亦採用增刊的形式，對人物也要深度挖掘，於是《毛澤東之劍》著作的字數增加了一倍多。

《毛澤東之劍》的出版，產生了另一個覆蓋面，有《揚子晚報》、《羊城晚報》等二十多家城市晚報副刊要求連載，一時間，二十幾個城市的市民早晚在報上追蹤許世友的事蹟，又一次達到了洛陽紙貴。在上世紀末，智慧財產權尚不建全，我們衡量一本讀物是否暢銷，就是看其有沒有盜版。《許世友之謎》作為增刊，我們發現並繳獲了十多種盜版。這些盜版雜誌多出於地下印刷廠，發的管道多在書攤點上，從某種角度來看，也算是對正版的一種補充。《毛澤東之劍》一書出版不久，就有了盜版，還有堂而皇之的改頭換面的抄襲，而且是正規的出版社的幹活。這個就不客氣了，王宣便打了這場官司，三下五除二，簡單利索地打贏了。至於這本著作圖書發行出現的其他十多種盜版，一時查起來也難。他當時已經下海經商，在上海某房地產公司任總裁，手上忙著一個占地四百多畝的開發專案，無暇顧及，也就作罷了。

也是一次電話交流時，不知是王宣先生靈感突至，還是思索良久，總之，他在和我通話快掛斷之時，突然說，又有個寫作的衝動了！我反應還是蠻快的，一定是個不錯的文本。快請講！我想以自己的成長經歷，來寫個自傳體作品，叫作《有一種記憶：我在紅色十年》。他繼續說，現在年紀有點大，常和戰友們聚會回憶過去，過去的許多事，都有點讓人笑得掉眼淚。我幫他歸納，就是說，那是一種黑色幽默的感覺。

於是，我們暢想起來。從前，那個《許世友之謎》，引發了太多太多「謎」的文本和體裁，這個《有一種記憶：我在紅色十年》也許又會引來一次文本和體裁的變革。難道不是嗎？我甚至建議，我們可以給「正確派」們看看，聽聽他們的意見，也可給「否定派」們看看，看他們有什麼高見，而我們則是以儘量客觀理智的筆觸，以個人的所見所聞所經歷的視角來反映這段歷史。

我們也依然打算遵循《許世友之謎》的策劃出版發行模式，來運作《有一種記憶：我在紅色十年》。雜誌增刊要先申報、審看內容後給增刊號，這個管理流程十幾年沒有改變。如果說將帥體裁審批嚴格，還有一定的出版空間，那《有一種記憶：我在紅色十年》這類體裁，確實審查更嚴格了。最麻煩的一點，是省市一級的審查管理部門，覺得這樣的體裁實難把握，弄不好出版發行有沒完沒了的麻煩，乾脆不予通過，更不說向上報備了。我們反覆爭取，這只是一個以小人物的視角，寫那個十年時期，我們三審自查，反覆斟酌過，應該沒有半點犯禁之處。

看來通過增刊出版發行管道，已經不能指望了。他告知我說，他一邊寫，一邊發給戰友們分享，當然也會通過共同回憶收集一些歲月的素材。如此一來，戰友們追看的熱情空前高漲，寫得慢了，還追得緊要。看完了，電話、信函、微信，給了很多他遺忘的回憶。無法出版，這不啻是冬天的一瓢涼水當頭澆，搞得他和戰友們一個透心涼。

我又聯繫了幾家出版社，或婉拒或直接明說，這類體裁審查很嚴，社領導不願闖這條紅線。還有一家出版社的編輯，著實欣賞，寫了一堆意見，落尾寫著，此作甚好，可惜無法出版。我和王宣先生只好大眼瞪小眼，一時無能為力了。

也許這是他自傳體的心愛之作，承載了過去歲月太多的情懷，寫了出來，而躺在電腦中沉睡，實在是一件難以釋懷之事。他又來電話，告知此作有了新的結果，被推薦出版繁體版本的圖書，現在他給了我這個任務，讓我完成繁體版的序言。

又相隔了年餘，我自然要重新拜讀一遍。

打開他的文本。他那種熟悉的文風撲面而來。他已經把最初的增刊體作了修改。刪掉了增刊的那種提示閱讀的小章回，小標題。整體行文嚴謹了許多，卻依然是那樣親切平和，依然是那樣娓娓道來，就像面對他的那群戰友，講述過去的故事，又像講給下一代人，講講他們這一輩，那種戰天鬥地的豪情壯志。

其實我與王宣先生交往二十多年，對他的經歷，也是知之甚少的。攤開這部著作，精心拜讀起來，不忍釋手，他的講述太具有畫面感，我就像個忠實的觀眾，隨著他起伏跌宕的人生軌跡，看著一幕幕在那個宏大的時代裡徐徐展開。

作者是在這樣的環境下開始成長的：「……有人找來了少先隊的大鼓、小號和銅鑔，作為遊行隊伍的先導；有人將過去大合唱用過的花環串連起來，權充必須的高帽；還有人從被窩裡叫來了吳校長，讓小學裡最大的走資派陪遊。幾十個小學生們，簇擁著曾經的三位師長，遊出校園，遊向社會。

「當我們的遊行隊伍沿著廣陵路行進到國慶路口時，對面來了一撥聲勢浩大的隊伍。這是揚州專區四個劇團聯合主辦的大遊街，看得出是經過精心策劃的。大小十幾個走資派各有分工，有的鳴著鑼，有的吹著喇叭，有的抬著舞臺上的官轎，體現著走資派們為中國的赫魯雪夫鳴鑼開道、吹喇叭抬轎子的創意。

「驀然，我在對面的隊伍中看到了父親，他被剃了花頭，脖子上掛了塊的牌子，間雜在走資派的行列中。當我亢奮地遊鬥著別人的父親時，另一拔人同樣亢奮地遊鬥著我的父親。霎時，羞愧、憤懣還是另外什麼樣的感受傳遍了我的身軀，肢體語言是兩眼發直，雙手微顫，雙腿發軟……」小小少年，本來在這樣滾滾洪流中無比興奮，卻看到了自己父親，他便開始迷惘了，對運動開始了逃避。作者繼續講述：「……第二天，我母親請我姨父李書壽幫忙，將我和弟弟、妹妹帶去江都親戚家『政治避難』。途經學校門口時，從裡面衝出幾個昔日的戰友。他們一把抓住我衣服，惡狠狠地說：『回去告訴你爸爸，只許老老實實，不許亂說亂動！』我默默看著那幾張變得陌生的嘴臉，任由他們收去了紅小兵袖章。由此，我也告別了小闖將的革命生涯……」這個過程，現在講述，也許還算輕鬆，但對於當時那個小小少年，至少是人格分裂的慘痛經歷。

那個時代，天地也寬，亦可成為逍遙派。還好，那時的天是藍的，水是淨的，食物也是沒有污染的。作者在春天裡，「……我向鄰居沈家二哥學釣魚，雞未叫、就起床，直奔郊外野魚塘。每次垂釣總有斬獲，讓我樂此不疲。」在夏天裡，響應偉大領袖毛主席的號召，「到江河湖海去游泳，到大風大浪中去鍛鍊」。秋天來了，開始玩文娛。口琴笛子嗩吶簫，二胡三弦手風琴，都學過一陣子，算個多面手。被武俠小說反覆洗過腦，有段時間迷上了武功，崇尚洪拳和長拳，放棄睡懶覺的超級享受，樹上的雀兒沒叫就起床，到花園裡壓腿、蹲馬步。幻想著有朝一日能成為飛簷走壁的大俠。

成長的過程，的確是個不斷裂變的過程，在十五歲那年，作者參了軍。因為一位新兵帽子掉進稀飯桶裡，有一場「憶苦思甜」的回憶，使我們有了隔世之旅的感受：「……隨即，部隊集合在操場。我們被要求脫掉一隻棉鞋和襪子，光腳踩在地上。新兵一連的張連長表情嚴肅，語重心長：『同志們啊，你們的一隻腳暖和嗎？那是幸福的新社會！另一隻腳冷嗎？那就是萬惡的舊社會！沒有舊社會的苦，就沒有新社會的甜！』，『想想世界上還有四分之三的人民在受苦受難，你們連洗個了帽子的稀飯都不肯吃，對得起誰？還是革命戰士嗎！』」

成長之中，還有差點「因言獲罪」的驚險，「……稿子讀得很流暢，一個絆沒有，心中有點小得意。回座位剛剛坐定，就被副指導員馮海泉叫到了門外。他臉色陰沉地一把奪走我的發言稿，從頭到尾看了幾遍。然後，指著『我們是偉大領袖毛主席親手締造的林副主席親自指揮的人民軍隊』一行字，讓我讀一遍。馮副指用近似審訊口吻發問，締造的『締』為什麼要念成捏造的『捏』？一股涼氣從後背襲來，慌忙解釋是我的普通話不太標準，以為這個字就該這麼念。……事後聽說，這是有人在我發言時敏銳發現的，作為重大問題彙報給了馮副指。在排除了我膽敢攻擊毛主席的嫌疑後，馮副指用揚州土話中好像有這種讀法幫我遮掩了過去。」

作者在講述過去故事時，往往會「跳」出來，借用戰友們的回憶，還有與當代進行參照，使作品無形之中產生了張力，無形之中增強了真實性和魅力。十分真實生動，精彩之處，不勝枚舉。

二十多年來，我瞭解王宣先生，卻是他的豪爽和大氣。如前所述，他轉業之初，利用江蘇省文化藝術活動中心這個平臺，開風氣之先，把香港流行文化引了進來。因為在軍營中，曾經參加演出京劇《沙家浜》，成了他的生命情結。事業如日中天之時，著力要恢復《沙家浜》，哪知給了懷舊的人們一個非常的視窗，使情結成了一個巨大的商業活動。就是他隨手寫上的廣告詞「紅色經典」，不僅延用至今，還成為一個專屬名詞了。

幾年前，我被邀請參觀他策劃並運作的江蘇省藝術品博覽會，是在南京國際會展中心舉辦的。隨我同往的是武當山經濟特區的宣傳部薛馮兩位部長，他們可是搞過大活動，見過大場面的，可見了那等場面，也忍不住一聲浩嘆。現在這個藝術品博覽會，連續舉辦了三屆，他都是組委會的秘書長。今年這一屆，辦進了江蘇的最高藝術殿堂—江蘇省美術館。不僅要讓江蘇的藝術品築夢巔峰，而且精品和展示要空前絕後，他說。

我們行事風格大相徑庭。與他作對比，我一直是用一種修行的方式在做事，多少有點苦行僧式的意味。而王宣先生，他則是用一種玩票的方式，每玩一票，都是那樣精彩生動。他總能把握住市場的脈搏，引領時代風潮，做時代的弄潮兒。過去每每面對他的大手筆時，感嘆之餘，也很疑惑他的睿智從何而來。拜讀了這本自傳體作品後，我從他的成長軌跡之中，才真正明白了這個大寫的人生。

王宣，壯哉！

馮知明　二〇一七年七月二十日

馮知明

作家，知名出版人，武俠評論家。深圳互動娛樂股份有限公司副總裁，今古時代傳媒創始人、董事長。今古時代已形成多個原創品牌。「貓武士」，由阿里投資大電影、《哈利波特》製片人操盤。動畫片《武當虹少年》，一百四十多家電視臺和央視播放，「鴻蒙世界」文化產業鏈正由上海元璽文創策劃，擬創全國基於武俠、奇幻原創文學的〇二〇文化創意產業基地。

曾連續三年創辦三本暢銷刊物，其中《武俠》週刊為全球最大的文學雜誌，讀者達到千萬之眾，培養了眾多大神級寫手，如江南、滄月、步非煙、鳳歌等，網路文學大神級寫手，多是受其影響，使其成為教父級的影響和地位。

從上世紀八〇年代開始，策劃出版了日本動漫作品《克塞前來拜訪》、《我是希瑞》十本一套，發行量均在百萬以上；以及《許世友之謎》、《我的父親朱德》、《葉挺之謎》、《彭德懷之謎》等將帥體裁暢銷書，發行量很大，產生了很好的社會影響。並主編各類叢書數十本。

創作作品近四百萬字。代表作《楚國八百年》獲得好評，產生很大影響。

目次

壹　揚州學北京、學省城

西元一九六六年，無產階級文化大革命（以下簡稱文革，不加引號，嫌煩）由下而上（這是官方說法，實際是由上而下），在中國的神州大地上拉開大幕。我的家鄉揚州市，江蘇中部的一個小城，距北京一千多公里，也以慢半拍的節奏與「祖國的心臟」共振。

那年，我十二歲。

一

文革是什麼？誰來革命，革誰的命，當時好像誰都知道，現在看來誰也不知道。那年的夏天很熱，廣播裡天天喊的是「橫掃一切牛鬼蛇神」，要「破四舊，立四新」（規範文字：舊思想、舊文化、舊風俗、舊習慣，反之為新），理直氣壯地引導著人們把注意力集中到破壞現有社會秩序上。

揚州學北京、學省城，工人成立了赤衛隊（仿紅軍時期的工農赤衛隊命名），學生大都成了紅衛兵（毛澤東思想紅衛兵）、紅小兵。開始的一撥是黑字兵（袖章紅底黑字），這是個亞官方的組織，背景是尚在運轉的江蘇省委，當然也包括揚州地委。

說話要有根據。一九六八年的麥收時節，在江蘇省金壇縣的朱林公社，江蘇省委的一位領導（省委書記處書記）在邊勞動邊接受批判期間，寫了一份題為《向毛主席請罪》的檢討書。文中披露這是江蘇省委第一書記的授意：「他要我立即組織紅衛兵，以保護所謂革命秩序。我連夜動員自己的子女，組織他們的同學，搞起中學黑字兵。」

因為所以，加入黑字兵是有條件的，家庭出身是門檻，德能勤績都在考察範圍。我的小舅趙永安（曾任揚州市聾啞協會主席）剛剛從聾啞學校畢業分配到揚州市包裝用品廠工作，也參加了赤衛隊。他曾用啞語（手勢）形象地為我釋疑：「紅小兵是紅衛兵的弟弟，紅衛兵就是以前的共青團，紅小兵就是少先隊，叫法不同了，你連這個都不懂！」

破四舊，是黑字兵們在文革大課堂上完成的第一份作業。他們像一群又一群緝毒犬，在大街小巷裡搜索著附有封資修（封建主義、資本主義和修正主義的合稱）氣味的物品，好奇並亢奮著。揚州各色老字型大小店鋪被輪番光顧，掛了幾十年甚至上百年的金字招牌燒了個一乾二淨。梅嶺的史可法（清朝末年守衛揚州城的大英雄）衣冠塚被扒了，翠園路口和軍分區北側的洋教堂（耶穌聖心堂）被衝了，還有人冒著生命危險，把屋頂重達八十多公斤的十字架和鐘樓尖頂拉了下來。揚州歷代鹽商們、官員們、員外們留下的豪門深宅，大多有精美的石刻、磚雕、瓦飾，轉瞬間也灰飛煙滅。

我的同鄉，當年的紅衛兵李西寧同學（現為加拿大圭爾夫大學博士生導師）在一次訪談中回憶：「我特別記得那次我們到揚州高明（旻）寺去破四舊，把廟裡的圍牆和大殿都拆了，結果發現裡面藏著好多鐵皮盒子，打開盒子一看，裡面都是些饅頭乾。現在回想起來，這大概是廟裡的和尚們為了備戰備荒，把信徒們供奉的那些饅頭切成片曬乾了存放在鐵皮盒子裡。但是當時我們紅衛兵的階級鬥爭警惕性很高，就認為不得了，這些東西很有可能是階級敵人的殘渣餘孽為國民黨反攻大陸準備的軍糧，結果就一把火燒得乾乾淨淨！這個還在其次，更可怕的是，當年揚州高明寺是一個全國著名的佛教勝地，寺裡面收藏了很多佛教經卷，我們紅衛兵把這些經卷全部搬出來堆在院子裡，那真是像小山一樣啊，散發出來的檀香味在幾裡路外就可以聞到，也被我們一把火全燒掉了！」

紅衛兵打了頭陣，跟風的也大有人在。坐落在觀音山的觀音禪寺，當時是揚州市「五七」幹校（根據毛澤東著名的「五七指示」而命名的幹部學校，集中各級幹部邊學習、邊勞動、邊改造）的所在。幹校經常要開個學習會批鬥會什麼的沒有場所，於是頭頭下令破四舊，把大殿裡的菩薩們掃地出門，改造成了禮堂。

揚州觀音山在蘇中一帶是有點名氣的，每年觀音菩薩成道這天（農曆六月十九日），都有盛大的香會。兒時，我曾隨外婆上山敬香。一里之外，就見絡繹不絕的人流；到了山下，看到不少香客膝上綁著草紙，肩上背著香袋，用小木凳做拜墊，三步一叩，五步一拜，一直磕到山門，虔誠的令人想哭。

文革後，海外的揚州籍人士發起並募捐了一些銀兩，觀音山得以重修廟宇，再塑金身。泥做的菩薩還是菩薩，還是大慈大悲救苦救難的送子觀音，香火依舊。

觀音寺被毀了，相隔不遠的平山堂大明寺也危在旦夕。這座寺廟有歷史了，始建於南朝「三好皇帝」（好色好酒好文）劉駿的大明年間，並因此而得名。因清朝忌「大明」二字，改稱法淨寺。寺中大雄寶殿內的十八羅漢塑像，是江淮地區佛教塑像藝術的翹楚。

幹校的一些學員做了件功德事，用蘆席將大雄寶殿的大門、後門統統封死，刷上了大標語、大字報，辦起了大批判專欄。每篇文章中，均醒目地引用了若干條毛澤東他老人家的語錄。這樣一來，誰要進大殿，必先破壞大批判專欄，也就必會損壞最高指示。這一招很絕，打著紅旗反紅旗，想來破四舊的即使有這個賊心，也沒了這個賊膽，再也沒人敢動大雄寶殿一個指頭。

也有文章介紹，說是周恩來親自打電話或是中央有關部門根據他的指示，才使古剎倖免於難。我對這個說法有點好奇，當年周總理那麼忙，要保護的人和事那麼多，顧得上嗎？很認真地查閱了那個時間段的報紙、大事記等等，未見有史料佐證。當然，出於鄉土感情，還是寧可信其有，不可信其無吧。

記得那年揚州的埂子街頭，貼了張半面牆的紅色佈告：破四舊、立新風，滌蕩一切污泥濁水，今後一律不准穿高跟鞋、穿奇裝異服、留長辮、留鬍子、燙髮吹發、塗脂抹粉……佈告下站著一群戴著紅袖章的「剪刀黨」「榔頭幫」（手執剪刀、榔頭），神情嚴肅地打量著過往行人的衣著裝扮。

揚州是個小城，民風趨於保守，本來燙髮的、吹包頭的人就不多，穿小腳褲的、穿高跟鞋和火箭頭皮鞋的人更少。他們用手中的剪刀、榔頭做了幾筆似乎沾點邊的「小生意」後，就不見了「顧客」的光顧（揚州小巷多，涉嫌者全都聞訊繞道走了），不得不歇業打烊。

還有更過分的事，一次，揚州工人文化宮的晚場電影散場後，突然有人厲聲宣布男女分開出場。穿裙子的女性被勒令逐一接受掀裙檢查，凡不穿內褲者一律視作女流氓。聽說還真的抓到了幾個，怎麼處置的就不得而知了。

破四舊由街頭深化到抄家。當時抄家的標準，全由紅衛兵掌控（後來聽說，背後是有人指導的），無需什麼批復、搜查證什麼的。革命小將想鬥誰鬥誰，想抄誰抄誰。

各家各戶的自查也緊急行動起來。我父親王鴻當時是揚州專區揚劇團的團長，即使排進走資派（走資本主義道路的當權派）也是個很小號的。但是，我們家族有個隱藏很深的祕密，祖輩中有清王朝的高幹（大於省部級），後來家道中落，幾經徙遷，才不為人知。家中物品姓「資」姓「修」的幾乎沒有，姓「封」的肯定會有一些。

我母親趙永華是位堅壁清野的高手，決策極其果斷，該扔的扔，該砸的砸，該藏的藏。唯有一套帶繡像的豪裝版家譜，讓我父親躊躇再三。對他來說這既是傳家之寶，也是顆「定時炸彈」，最終還是搖搖頭，讓我去院中的白楊樹下付之一炬（此為無法彌補的大憾）。

一切準備妥當，抄家的隊伍卻遲遲沒有來到眼前。那幾天，父母回家後的問答總是這兩句話：「沒來？」「沒來！」讓我聽上去不是怕抄家而是盼著早些抄家似的。

我父母在文革中「敢於直面慘澹的人生，敢於正視淋漓的鮮血」（魯迅語錄）的勇氣，對我的人生影響很大。是福不是禍，是禍躲不過，世上有很多事情是逃不掉、躲不了，僥倖不得的，只能坦然面對而不是其他。

抄家過後還有展覽。展覽這個玩意古代有之，國外有之，大多忽悠在文化、經濟範疇。用於政治，是中國人的一大發明。還是在揚州工人文化宮，搞過一個抄家成果展覽，主要展出以生產「鴨蛋粉」而著名的揚州謝馥春老闆的家私，極大地滿足了市民們的好奇心（窺私慾），觀者如過江之鯽，我也雜陳其間。金磚、金條是展覽上亮點，兒時的我觀後立下鴻鵠之志，長大了也要弄幾根玩玩。

文革以後，我曾和父親專題探討，像我們這樣的家庭，曾被歸類為揚州的資產階級「三名三高」（名作家、名演員、名教授和高工資、高稿酬、高獎金的合稱），也是個小走資派，始終沒有被抄家，這是件違背造反遊戲規則的事，可以稱為一個「奇跡」。他以為，當年參加造反的骨幹分子，有的人是響應上面的號召，有的人是看風向、隨大流，有的人是以此自保，當然也有人借機報復、洩憤、作惡。其中不乏明白人，所謂的走資派，哪些人不能打倒，哪些人打不倒，他們也心知肚明。

我父親從揚州地委機關調到劇團工作（從米堆掉到糠堆裡）後，與演職人員同甘共苦了五個年頭。劇團改為集體所有制，鐵飯碗變成了泥飯碗，團內上下人心惶惶。我父親毅然將供給關係從機關轉入了劇團，以示與大家風雨同舟。劇團沒有排練場地，他從電影文學劇本《奪印》稿費二〇〇〇元中拿出一半（另一半與揚劇《奪印》的三位作者均分），修建了一處供專區四個劇團共同使用的排練場。我父親在報刊上發表的詩歌、文論的稿費，經常用來接濟團裡那些家境困難的員工。有次在上海的《解放日報》刊登了一個版面的大文章，得稿費七十八元。時值春節前夕，我父親將其全部用於新春聚餐，讓全團人員熱熱鬧鬧地吃了一頓團圓飯。

人心都是肉長的。即使到了文革，我父親與劇團多數人之間的感情，顯示出了超越政治的作用。當時，揚州專區轄有四個劇團，另三個團的當權派不僅被抄了家，還有被抽皮鞭、挨木棍、搧耳光的記憶。我父親只是被剃了個十字型的花頭，遊了次把街，罰跪了不到半個小時的板凳，沒吃其他皮肉之苦。

雖然沒有抄家，卻享受了勒令搬家的更高待遇。我父親曾在當時位於廣陵路的《揚州日報》社工作，分得廉租房兩間並有一小院。調至揚州地委宣傳部後，人走家沒搬（那時還不興這個）。類似情況的，在這個大院裡還有多家。

在破四舊運動的後期，從報社印刷廠到編輯部的巷牆上，一夜之間貼滿了南下紅衛兵（主謀是報社的造反派）寫的標語和大字報。主題是黨報這樣神聖的地方，居然住了一批烏龜王八蛋（我父親是被點名並在姓名上打上紅色×號的其中之一，頭銜是蔣介石的御用文人、反革命修正主義分子等），是可忍孰不可忍，勒令三天內搬走，否則就要採取革命行動！

我母親不堪想像四個兒女流落街頭的慘境，只能去哀求本單位（揚州市圖書館）的造反派。館裡的造反派頭頭剛剛掌權，如果不管這些關係民生的事會影響威信，顯得沒能力似的。於是如法炮製，勒令住在他們單位宿舍的揚州市長江越劇團的馬團長挪窩，把我家安置了進去（連累了馬團長一家，現在想來仍覺內疚）。

非常湊趣的是，我家前腳剛走，報社裡的兩個造反派頭頭後腳就搬了進去，造反原來也是有福利的。再後來，報社成了造反派逐鹿揚州的必爭之地，打砸搶不斷，武鬥屢有發生。我家被迫遷移，卻避免了若干可以預見的是非，應當看作是不幸中的僥倖（並非阿Q）。

關於破四舊，現在把這筆賬都算在紅衛兵尤其是黑字兵的頭上，有失公允。「小蘿蔔頭」們的革命行動，從萌芽狀態就受到最高當局的讚賞和縱容。據說，一些頭髮留得稍長、衣著較為亮麗的海外華人、港澳同胞興沖沖歸國訪問，參觀文化大革命。沒想到進了廣州就挨了紅衛兵的剪刀，頭髮被剪了，小褲腳被鉸了。到了北京，他們原本想告上一狀、發發牢騷、撒撒嬌的，一位德高望重、後來很快也被打倒的中央領導接見時卻是這樣撫慰的：「不要見怪，你們看到我們這樣好的後代應當高興。」

還有一位後來擔任過中共中央副主席的領導，在接見揚州赴京上訪人員時明確表態：「揚州的四舊應該破，揚州是古董的城市，不受影響才怪呢！經過文化大革命，應該變成新城市。」

當時還抓了很多所謂的壞分子，統稱「牛鬼蛇神」，集中關押了一批，單位內控了一批。我母親所在的市圖書館與市文化館、博物館和國畫院合併重組，叫做揚州市毛澤東思想宣傳館，知識分子多，是「牛鬼蛇神」的集聚地，凡是沾邊的終日惶恐不安。

我母親是單位的會計兼總務，被動員參加了造反組織，也參與了對館內走資派和「牛鬼蛇神」的批鬥。她對這些被批被整的人，有著發自內心的同情和憐惜。但在當時的政治氛圍下，也只能利用造反派的身分和手中僅有的一點小權，給他們一些幫助和庇護。

揚州市下轄的寶應縣，在一九六〇年曾發生嚴重的人口死亡事件。時任縣委第一書記徐向東受到了黨紀國法的處理，後來安排在揚州市圖書館任副館長。一天下午，專程從寶應趕來的造反派會同揚州紅工大（紅旗工業大學）的紅衛兵，帶著高帽子、黑牌子和繩子來到圖書館，聲稱要將徐向東捆綁起來揪回寶應批鬥。

徐向東是位老幹部，也是個文人（下派前曾長期在中央政策研究室任職，是毛澤東身邊的秀才），身患多病，體質很差，如果被抓走勢必性命堪憂。我母親趁亂悄悄打開馬神廟的後門，走小街，穿小巷，將他藏在位於永勝街的圖書館古籍部（我家也住在這個院內，當時對外不開放）的一個小閣樓上。

三天後，當獲悉本單位的造反派也在尋找徐向東，並聲稱要聯合館外的造反派共同批鬥後，我母親在江都縣委副書記吳泰的幫助下，又連夜將徐向東轉移到江都縣的郭村糧庫「堅壁」了起來。

安全是安全了，但糧庫的生存環境太差，缺醫少藥，常常為吃飯犯愁。徐向東百般無奈，悄悄潛回揚州，我母親又讓他繼續在古籍部裡隱身了三個月。

在此期間，我的外婆王慧清承擔了每天三頓的祕密送飯任務。聽老人們說，外婆年輕時是江都仙女廟鎮上數的著的美女，人如其名，善良嫻慧，冰清玉潔。她擅理家務，做得一手好菜。我家人多，伙食一般般，外婆卻時常為徐向東開點小灶、做點好菜，讓我和弟妹們很眼饞。

坦率說，徐向東與我家非親非故，這種行為蘊藏著很大的政治風險。我母親和外婆之所以會這樣做，是她們的善良品質在動亂年代顯現出的氣度和胸懷。換作別人，同樣也會在自身難保的情況下伸出援手，幫人度過難關。

造反派的想像力是非常豐富的，跪板凳即是一大發明。夏日炎炎，讓「牛鬼蛇神」們（泛指被批鬥的人等）跪在長板凳上，一跪就是一兩個小時，開始是雙膝紅腫，繼而發紫流血，直至皮開肉綻。

我母親經常乘造反頭頭不在或不注意時，對「牛鬼蛇神」們假意發飆：「還跪在這裡幹什麼，幹活去！」用板車拖磚頭、黃沙和煤炭等等體力活，是「牛鬼蛇神」們的日常事務性工作。我母親每次大聲下達任務時，還會悄聲下達一條小指示：「回來的路上找個工人拖，工錢到我這裡來報銷。」

有一年回家看望父母，巧遇著名美術史論家薛鋒和夫人龔瑞麟來訪。薛鋒編著了我國第一部美術辭典，曾被中國美術家協會授予「卓有成就的美術史論家」、被文化部授予從藝六十週年文化勳章。文革中，薛鋒的黑帽子是「特嫌」（國民黨潛伏特務嫌疑），被開除了黨籍，成為跪板凳的骨幹成員。時隔近半個世紀，薛老提起當年仍很激動：「我們今天是來看望恩人，我永遠忘不了文革中你母親對我的呵護！」

聽我父母介紹，當年的「板凳黨」人，文革後大都成為各自領域的專家學者，成就匪然。但凡健在的還能走動的，幾乎每年都來家中看望我母親。

著名作家、翻譯家梅汝愷，譯有諾貝爾文學獎獲得者、波蘭作家顯克微支的長篇小說《火與劍》、《洪流》等外國文學六百多萬言，獲波蘭人民共和國文化藝術金質獎章。他與我是忘年交，多年來對我一直關愛有加（我從部隊轉業去江蘇省作家協會工作，就是他推薦的）。梅老不止一次地對我提起，他在文革中的身分是「右派」，理論上應該包攬單位的髒活、累活。我母親卻經常安排一些諸如打掃書庫、跑街頭（購物）的雜事讓他去幹，既避免了一些重體力勞動，又有了偷偷讀書的時間。他對顯克微支的研究和翻譯工作，就是在這樣的境遇下開始的。

編著並出版《揚州園林品賞》等四十餘種書籍的朱江，學識淵博，個性清高，平日裡不喜應酬，卻多次到我家小坐。他的話題總是不離文革中的遭遇，而且一再提起當年跪板凳的骨肉之痛，以及在批鬥會上罰跪被我母親喝令站起來的感激之情。我父母勸他不要再說這些陳年舊事，大家都老了，說點開心的事。朱老仍不願將自己的話題打斷：「忘不掉啊，趙永華同志是好人！」

二

破完四舊，還要立四新。

這年的八月十八日，毛澤東在天安門廣場第一次接見紅衛兵時，有位紅衛兵把紅袖章戴在了他的左胳膊上。當得知她的名字是彬彬有禮的「彬」時，毛澤東似不經意地說了一句：「要武嘛」。一句話，引發了全國的改名熱，不僅人名要革命，路名、店名、單位名都要改成了革命化的名字。

我家門前的廣陵路更名東方紅路，經常去看戲的揚州大會堂更名紅旗劇場、人民劇場改稱工農兵劇場，揚州蘇北電影院換上了東方紅電影院的招牌，《揚州市報》先後稱作《新揚州報》、《紅揚州報》，揚州老字型大小的大麒麟閣食品店改稱國慶食品店，大德生藥店改稱紅心藥店，亨德利眼鏡店改稱光明眼鏡店。最具典型意義的是揚州地標性建築文昌樓，先被改為東風閣，後又冠名革命造反樓。院校在改名中全部升格，揚州工學院改為紅旗工業大學，蘇北農學院改為東方紅農業大學，揚州師範學院改為魯迅大學，自己慣自己的味道很濃，無私無畏的紅衛兵小闖將也免不了一個俗字，少不了一分虛榮。

個人改名也風靡一時。我有個表哥叫趙有東，不少人常把他名字寫作趙友東。他感到了不安，我這個可教育好子女（他的父親也是我的大舅趙永和，年輕時追求進步，曾參加過三青團，類似於當今的共青團，屬政曆有問題）怎能與偉大領袖當朋友呢！思來想去，決定改名趙仰東，取敬仰毛澤東之意。

當他興沖沖地聚三五同學，宣布革命化的名字閃亮登場時，卻遭到了輪番質疑：仰東，諧音可讀養東，你是指養下了（揚州方言，養下即生下、產下）毛澤東，還是認為你養育了或養活了毛澤東？這個名字反動透頂，不能玩！表哥嚇出一身冷汗，幸虧在場的都是尿尿和爛泥長大的發小，無人告密，無人擴散，無人追究，否則後果不堪設想。

表哥從此不再提改名，但多了句頗具祥林嫂風格的口頭禪：「我是有的有（不敢說有沒有的有），不是朋友的友」。那年，他十六歲。

毛澤東是位偉大的政治家，不屑於此類小創意。一九六七年二月，他在談到王莽時說：「這個人是最喜歡改名字的了。他一當皇帝就把所有的官職，如現在有人不喜歡那個『長』啊，都統統改了，把全國的縣名統統改了，有點像紅衛兵把北京街道名稱全改了差不多。他改了後仍不記得，還是記老名子」「這個問題主要是看哪一個階級掌握政權。誰掌權，這是根本的問題。所以，是不是咱們還是穩當一點好，不要改名字了。」

改名換姓（姓資改姓無）容易，其他的「新」怎麼立就很難規範化、標準化了。好在偉大領袖有教誨：「破字當頭，立也就在其中了。」人們摸著石頭過河，盡可能地把自己塑造成社會主義的「四新」新人。

戀愛、結婚和生孩子這些事，雖然舊的不能再舊，但不會也不可能破掉，不同的是更加注重階級陣線。革命軍人和黨員幹部及其子女是第一方陣，他們擁有從容選偶的天然優勢。出身於工人和貧下中農家庭的青年男女，成為第一方陣之後拾遺補缺的主力陣容，享有婚姻的社會公平和地位平等。而地富反壞右之流包括他們的後代，則是愛情的弱勢群體，只有被挑選被戀愛被結婚的可能，備受冷落和歧視。

我有位親友少年從軍，退伍後分配至某國營工廠。其間，結識了一位文學女青年。倆人志趣相近，情意相投。親友的父親是位抗戰末期參加革命的老游擊隊員，平日裡酷愛這個獨子，可謂無求不應。但聽說兒子處的對象近親中有人去了臺灣，馬上高高懸起了無情棒：「老子當年參加革命，打的就是國民黨。你倒好，把國民黨的姑娘弄到家裡來了，後患無窮啊，不行，絕對不行！」接下去，無論兒子苦苦哀求也好，胡攪蠻纏也罷，父親的態度始終斬釘截鐵，沒有任何可能性，想都不要想！

結婚也要立新，我參加過一次革命化婚禮。新郎是位青年才俊，南京師院中文系（現為南京師範大學文學院）畢業分配至揚州工作；新娘貌美如花，因成分不好被發配到邗江縣的某供銷社上班。這樁婚事是我父母撮合的，他倆熱戀時我還當過一兩次電燈泡。

這次婚禮留下深刻印象的是鞠躬。基本程序是：一拜天地，向毛主席像三鞠躬；二拜高堂，向父母及親朋好友三鞠躬；最後是夫妻對拜，兩口子相互三鞠躬；一晚上鞠躬鞠得不停。

順便披露一下揚州人在文革中的結婚成本。新房的家具配置標準是三十六條腿（衣櫥、五斗櫥、床、床頭櫃、方桌各一，椅子四張，每件各四條腿），加上家用電器的三轉一響（「鳳凰」或「永久」牌自行車、「蝴蝶」或「蜜蜂」牌縫紉機、「上海」牌或「鍾山」手錶加上「紅燈」牌或「熊貓」收音機），如此組合是超豪華級別。經濟條件差的少點腿、少點轉和響也無大礙，有什麼條件打什麼仗，攀比心態並不嚴重。

親朋、好友、鄰里隨分子不需掏紅包，送些印有《毛主席語錄》的床上用品，桌上擺的套杯，或臉盆、水瓶、花瓶什麼的，即為拿得出手的結婚禮物；送本塑封帶插圖的筆記本，寫上幾句祝賀語，也將就的過去；送《毛澤東選集》的有，但並不像現在一些回憶文章中那麼誇張，一收就是多少套，新房裡堆的像座小山似的。要知道，當時「請」一套雄文四卷是要支付人民幣的，而且價格不菲。後來漸漸變現了，隨分子從幾元、幾十元，上漲到成百上千，成了一筆痛並不快樂著的「人情債」。

婚宴大多在家中舉辦，滿桌的「豬打滾」「豬八樣」（以豬肉及豬內臟為主要原料）。那時沒有公款吃喝這一說，人人「胃缺油」，都把婚宴視作可遇而不可求的大餐。還有一個重要的細節是喜糖，這是向社會向單位向同事公示已婚的可食用廣告，以上海生產的「大白兔」奶糖為首選品牌。

文革後期，婚慶規模開始擴容，吃喝風大概也在這個時期悄然生成的。我弟弟王寬結婚時，父親托人在邗江縣委招待所（現揚州石塔賓館）的食堂裡辦了四桌酒菜，場面是有了，但很不實惠，幾乎是滿桌的「光碟」。弟妹文吉紅提及此事，言語中總是有些慨嘆。待到女兒王湉結婚時，他們在揚州某大賓館擺了幾十桌「回門酒」，大廳內外流光溢彩，花籃錦簇，高朋滿座，杯觥交錯，做足了面子，也多少補償了些當年的遺憾。

離婚也有奇葩。剛剛看到文友馮知明（現任深圳互動娛樂股份有限公司副總裁，今古時代傳媒創始人、董事長）在微信朋友圈中，發了個「難得一見的文革時期的離婚判決書」。說的是北京有對中年夫妻，女方以包辦婚姻、沒有感情為理由，訴至區法院要求離婚並獲准。男方不服，上訴至市中級法院維持原判。再申訴至市高級人民法院，終於改判不准離婚。案件很簡單，改判的法理依據卻不簡單。

「這是社會主義婚姻家庭中資產階級和無產階級兩個階級在意識形態方面的激烈鬥爭。對資產階級思想必須從各個方面進行批判和抵制，決不能讓它自由氾濫，決不能讓它破壞社會主義的婚姻家庭制度」。

「人民法院處理婚姻家庭糾紛，必須用階級和階級鬥爭的觀點，階級分析的方法，分清是非，堅決的批判並抵制資產階級思想」。

區法院、市中級人民法院對該案的處理，「回避了兩種思想的階級鬥爭，是中國赫魯雪夫的資產階級『唯感情論』的產物」。「這兩個判決書都是錯誤的，應予撤銷」。

離個婚，居然離出這麼多的大是大非來，這恐怕是兩個當事人做夢也沒想到的。

揚州人很看重過年過節，這恰恰又是移風易俗的四大要素之一。「革過年的命」始發於上海，某造反組織在《解放日報》發表來信，倡議新年不回家。人民日報接著也刊登了幾個造反組織聯合發出的倡議書：破除舊風俗，新年不休假。這篇文字現在看有點傻逼，但卻是當年最時髦最流行的語言，摘抄如下：

「不破不立，不塞不流，不止不行」。我們要大破大立。圍繞新年，大造幾千年來封建主義、資本主義的舊風俗、舊習慣的反。大立無產階級的新風俗、新習慣，大立毛澤東思想。什麼敬神、拜年、請客、送禮、吃喝玩樂，都統統見鬼去吧！我們工人階級從來沒有這些骯髒的習慣。我們有的是改造舊世界的力量，我們有的是砸爛一切舊制度的革命造反精神。地主階級、資產階級遺留下來的糜爛貨色，我們要連根剷除，澈底焚燒。我們是舊世界的批判者，我們是新世界的創造者，讓我們在全國無產階級革命造反派大聯合，展開奪權鬥爭的關鍵時刻，度過一個最最具有歷史意義的新年！

三

記憶中的「新」，還有大唱「語錄歌」、大跳「忠字舞」。位於揚州國慶路和廣陵路交界的揚州毛澤東思想宣傳館的文化館，是個非常熱鬧的所在。每天晚上都有免費大課堂，教市民們學唱毛主席語錄歌。

語錄歌是在國慶十七週年時，由官方傳媒正式推出的。這年九月三十日，《人民日報》、《解放軍報》分別用一個整版刊登了十首語錄歌，迅速風靡全國。在這十首歌中，有八首署名是劫夫（李劫夫，瀋陽音院學院院長），即《領導我們事業的核心力量》、《政策和策略是黨的生命》、《我們的教育方針》、《分清敵友》、《凡是敵人反對的我們就要擁護，凡是敵人擁護的我們就要反對》、《爭取勝利》、《希望寄託在你們身上》、《工作就是鬥爭》。接下來，李劫夫不僅又譜寫了大批語錄歌，還把毛澤東詩詞全都譜了曲，甚至連林彪的《毛主席語錄再版前言》也寫成了歌。

李劫夫無疑是當年中國作曲界的超級大腕，他的《二小放牛郎》、《我們走在大路上》、《革命人永遠是年輕》、《爹親娘親不如毛主席親》等歌曲，曾伴隨著我們這代人的成長。語錄歌是他在文革中的一大奉獻，無論什麼樣的句式，無論或短或長的大白話，都能譜成歌曲，都能讓人們傳唱，都能讓人們用歌聲來表達情緒和意境。

一九七〇年冬，我所在部隊的《沙家浜》劇組和南京軍區某防化部隊的《智取威虎山》劇組（皆為業餘演出隊），連袂赴大別山區慰問演出。

開飯時間到了，防化部隊的弟兄們還沒回來，饑腸轆轆的我們就先吃上了。還沒扒上幾口，食堂外傳來嘹亮的毛主席語錄歌《要鬥私批修》。那時有規定，吃飯前必須列隊唱一首革命歌曲，叫做「飯前一歌」。他們唱的這首語錄歌雖然只有一句歌詞、五個字，唱起來仍覺鏗鏘有力，富有變化。歌聲裡充滿了不滿甚至惱怒，唱得我們很害臊，真像犯了什麼大錯誤似的，後來再也不好意思提前開飯了。

當我們今天重新審視這一特定的文化現象時，不能不想起從《詩經》以來，凡是能夠在民間廣為傳唱的歌曲，無不帶有時代的印記。語錄歌曾被數億人唱過，或許振奮，或許愉悅，或許消遣，或許悲哀，或許批判，也就是了。

忠字舞，顧名思義就是表忠心的舞，準確地講，就是個人向偉大領袖表忠心的舞蹈，一時間成為舉世無雙的國舞。學生們造反前、工人們上班前、居民們買菜前，都要集中在大大小小的空地上，面對一張毛澤東的畫像，手捧一本紅寶書，伸胳膊甩腿。毫不誇張的說，當年只要有人群的地方，就有忠字舞的舞姿，這可能是中國上下五千年歷史中唯一的全民皆舞時期，正經八百的舞動中國。

那時沒有答錄機，都是邊唱邊舞。以流行音樂《大海航行靠舵手》、《敬愛的毛主席》、《在北京的金山上》、《滿懷豪情迎九大》等歌曲為伴唱、伴奏。舞蹈動作簡單、直觀，大多採取象形表意、圖解化的表現手法，類似於聾啞人之間的「打梢喻」（手語）。比如雙手高舉象徵熱愛敬仰，挽臂弓步象徵永遠緊跟，指地跺腳象徵打倒砸爛，緊握雙拳象徵革命到底。跳忠字舞只求普及，不強調提高；跳不跳是態度問題，跳的好不好只是水準問題。

時為南京軍區某通信部隊一連戰士的徐乃前告訴我，他入伍後，每天看見本連一位懷孕的女軍官跳忠字舞，肚子大的快要臨盆了，還揮舞著紅寶書很艱難地跳著。在唱到「千萬顆紅心在激烈地跳動」時，兩手畫成心形狀貼在胸前；唱到「萬壽無疆！萬壽無疆！萬壽無疆！」時，單腿豎起腳尖，另一條腿不停地後踢，雙手伴隨著踢腿的節奏，把那個心形向著北京的方向一下又一下地送去。

徐乃全很有感慨：「剛到部隊看見有穿軍裝的孕婦就感到稀罕，這些個動作由孕婦起舞，就更加奇特了。時間過了幾十年，這個近於滑稽的畫面仍留在我的記憶中。」

在南京軍區退居二三線老首長的一次座談會上，周純麟老將軍（曾任南京軍區副司令員、上海警備區司令員等，已故）提及中共「九大」期間的有關花絮：「大會開幕那天，毛主席上臺時放的是《東方紅》，不少代表居然隨著音樂在會場裡跳起了忠字舞，這邊一堆，那邊一群，鬧哄哄的。後來分組討論，還有人跳。」

那年頭如果有中央電視臺（聽說有了，叫作北京電視臺，但不普及，老百姓看不到），搞個CCTV——「×××杯」全國忠字舞大獎賽什麼的，收視率絕對穩居第一。

一唱二跳三學習。光唱語錄歌、跳忠字舞不夠，還要學習，學習毛主席的書（《毛澤東選集》，簡稱《毛選》），叫做「毛主席的書我最愛讀」。

揚州人學《毛選》，文革前就有過一次小高潮。一九六五年九月至翌年四月，解放軍副總參謀長張愛萍率領工作組，在揚州的邗江縣方巷公社蹲點搞社教（社會主義教育運動）。這位老總對所謂的「四清四不清」（先為清工分、清帳目、清倉庫、清財物，後提升為清政治、清經濟、清組織、清思想）沒有多大興趣，把工作重點放在了引導廣大農民學習毛主席著作上，創造了聞名全國的「方巷經驗」。

當時，為了讓農民（多為文盲）既能讀毛主席的書，又能學到點文化，張愛萍還組織編寫了《學習毛主席著作三字經》、《毛主席語錄識千字》兩本小冊子。

他的兒子張勝在《從戰爭中走來：兩代軍人的對話》一書中介紹，他父親編寫的這兩本小冊子，可能是受到當時發行的《毛主席語錄》的啟發。不同的是，《學習毛主席著作三字經》裡並不是毛澤東的原話，而是按三個字一組講解革命道理，如「共產黨、愛人民」「勤勞動、講衛生」等，屬初級本，對象多為老人、婦孺。《毛主席語錄識千字》則是高級本，全部引用毛澤東的原話，從《毛主席語錄》中摘取通俗易懂而又貼近農民生活的句子，如「人民，只有人民，才是創造世界歷史的動力」等等，共一千多字，學完這本就可以練習讀報了。

在貧瘠封閉的中國農村，這兩本印得很漂亮的小冊子，的確很搶手。不知通過什麼途徑，我父親也弄到了一本《毛主席語錄識千字》，當寶貝似的鎖在小書櫥裡，只有摯友才讓翻上一翻、小看兩眼。後來的寫大字報、寫檢討書等等，都要找幾條對口的最高指示，這本小冊子成了他的工具書，引用語錄很方便，受益多多。

解放軍總政治部出版並面向全國發行《毛主席語錄》，已是一九六九年的事了。由於《毛主席語錄》大多用紅色塑封，也被稱之為紅寶書。文革中，這種紅寶書以五十餘種文字印了五十多億冊，在全世界一百五十多個國家和地區的範圍內流傳，創造了二十世紀圖書發行量之最。當時如有印數稿酬這一說，作者可就大發了。

文革中曾流行毛主席像章熱，製作的枚數絕對不輸給紅寶書的印數（以人均持有量推論）。一開始像章還是大小適中，戴在左胸口袋上方；接下來就越做越精緻，越做越大，有的只能用絲帶掛在脖子上。像章一般為圓形，也有方形、桃心形、五角形、多邊形；材質以鋁合金為主，延伸到銅鐵、鍍金、純銀、水晶石、塑膠、有機玻璃、陶瓷、竹木、螢光等多種質材。

在人們的心目中，佩戴像章不僅僅是一種飾物，而是一種義務，一種權利，一種信仰的標誌。在某地活學活用毛主席著作積極分子代表會議上，有位戰士做了個很精彩的報告。聽眾激動地爭相上臺贈送毛主席像章（類似現在的觀眾上臺獻花），在他的軍裝、軍帽別上了一百多枚，創造了佩戴像章的最高紀錄。

詹大南老將軍（曾任南京軍區副司令員等）向我講過一件佩戴像章「一針見血」的舊事：「文革開始時，我是蘭州軍區副司令員兼甘肅省軍區司令員。有次在廣場上開萬人講用會，地方上有個學《毛選》積極分子上臺時，把毛主席像章別在胸前皮肉上發言、表忠心，引起轟動。軍區有人坐不住了，認為地方搶了部隊的風頭，現場作了布置。輪到部隊發言時，同時上了三位學《毛選》積極分子，每人在胸肌上各別了三枚毛主席像章，血流不止，全場更加轟動。我對此很反感，搞什麼屌名堂，封建王朝也沒人幹這種事，但在當時不好說，還要跟著拍手！」

一九六九年三月，周恩來在全國計畫會議的講話中流露了不滿：「城市的幹部家裡有毛主席像章一百多個，《毛主席語錄》十幾本，這不是浪費嗎？」「現在許多地方出的毛主席像章越做越大，上海做的特別大。物資部已經發了五千噸鋁，都要收回來！」「宣傳毛澤東思想要講實效，有人身上掛了很多像章，甚至掛滿了像章，不吃透毛澤東思想，像章掛得再多也不能變成物質力量。」

兩個多月後，中共中央下發《關於宣傳毛主席形象應注意的幾個問題》的文件，毛澤東批示「照辦」。文件指出：文化大革命以來，在宣傳毛主席形象、宣傳毛澤東思想這個問題上，有些時候，在一些地方，出現了不突出無產階級政治、追求形式和浮誇浪費的問題。為此，特提出如下改進意見：

一、各級領導要積極引導群眾，活學活用毛澤東思想，搞好思想革命化，不要追求形式，要講究實效。

二、重申中央一九六七年七月十三日《關於建造毛主席塑像問題的指示》，今後，塑造毛主席像，必須嚴格按此指示執行。

三、不經中央批准，不能再製作毛主席像章。

四、各報紙平時不要用毛主席像作刊頭畫。

五、各種物品及包裝等，一律不要印毛主席像，引用毛主席語錄也要得當，禁止在瓷器上印製毛主席像。

六、「忠」字是有階級內容的，不要亂貼濫用；不要搞「忠字化」運動；不要修建封建式的建築，如有，應作適當處理。

七、不要搞「早請示、晚彙報」、飯前讀語錄、向主席像行禮等形式主義活動。

這份文件的下發和周恩來的講話，對文革中狂熱的個人崇拜活動無疑起了降溫的作用，但並未從根本上得到遏制，直到林彪事件後才逐步淡化。

有意思的是，現在對毛澤東的崇拜又在民間悄然興起。前幾年，打車時常見一些年輕的哥的姐在計程車內懸掛毛澤東的畫像。據說是廣州市區出了個車禍，八輛車連環相撞，七個司機重傷，只有一人安然無恙，因為他的車裡掛了個毛主席像。四川綿陽的一些小廟，毛澤東的塑像和佛祖、玉皇大帝、太上老君、文昌、財神等諸路神靈相並列，接受四鄉八鄰香客的朝拜和供奉。陝西横山、湖南衡山、浙江溫州和廣東江門等地的鄉村，村民們或群體、或個人籌款修建了「主席廟」「毛公廟」。

在他們心目中，毛澤東已是一尊神，「拜主席可以保國泰民安」。普通老百姓虔誠地置換了毛澤東的全新身分，成為一種象徵，一種精神寄託，實際上已與老人家的人生信仰相去甚遠。

四

我和小學同學徐杰（曾任揚州市外辦工會主席）、唐春陽（現為揚州大學教授），是鐵板的發小，成日廝混在一起。我們對這場運動充滿了好奇和亢奮，原本不具政治細胞的小腦袋裡，開始填充革命、造反、鬥爭的因子。我們的小胳膊多少次隨著大胳膊起舞高呼，今天打倒這個，明天打倒那個，卻完全不明白打倒的是誰，為什麼要打倒？

聽人說，有期《中國青年》雜誌的封底，看上去是幅知識青年樂呵呵地行進在麥田裡的水粉畫，但在麥浪的黄白線條中，隱藏著「打倒毛澤東」反動標語，這還了得！我們找來雜誌，上下左右研究了許久，有幾筆似乎有點像，但始終沒能找出這幾個字，很痛恨自己的革命目光不靈。我們還持有強大的革命警惕性，常把印有領袖像的報紙，對著陽光或燈光，看看背面有無「打倒」「炮轟」「油煎」「火燒」之類的詞語，幻想著通過發現一舉成名。

我們像三隻逐食的海鷗，在文革的大風大浪中翱翔。今天聽聽街頭的大辯論，正方反方在擁擠的人群中滔滔不絕，面紅耳赤，互不相讓。記憶中最生猛的是位身穿正宗舊軍裝的帥哥（很可能是復轉軍人），每天下午在國慶路口擺擂臺，辯倒一個，再辯一個，車輪大戰，舌戰群雄，字字句句極具煽動性，常常獲得一片喝彩聲，那伶牙利齒那反應敏捷那知識淵博，絕對能讓如今的大學生辯論賽汗顏。

明天，去看看牆上的大字報，太直白的太高深的都沒興趣，專看新奇古怪的。我們小學的美術老師朱旭年輕時擅長年畫，逢年過節，坊間到處可見他的大作。文革初期，揚州來了大批南下串連的大學生，村村點火，處處冒煙，唯恐天下不亂。朱老師對此很反感，畫了一組八幅漫畫，張貼在國慶路的一幢樓房上。其中有幅叫做「下車伊始」，諷刺南下串連的大學生剛下汽車，就拿著喇叭大喊大叫：「把胡紅這個揚州最大的女走資派揪出來！（性別、姓名都弄錯了）」畫面生動而誇張，妙筆傳神，笑的我們肚子疼。

紅衛兵中也有美術人才，回敬了一組八幅漫畫，想像力與朱老師的作品顯然不在一個平臺，印象深點的一幅叫做「我畫年畫，改畫漫畫」。我當時就有點困惑，畫年畫的為什麼就不能畫漫畫呢？朱老師後來又改畫國畫了（曾任揚州市國畫院副院長，美國紐約國際文化藝術中心中國顧問等）。在一次師生聚會時，師母焦亞秋（曾經是我小學二、三年級的班主任）告訴我，為了這幾幅漫畫，朱老師竟然遭到了紅衛兵的通緝，不得不星夜逃循，在鄉下親友家躲了好幾個月。

後天，再去看看地委大門口的靜坐以及後來的保衛戰，保衛地委和專署機關第一線的是工交部門的赤衛隊和揚州中學的黑字兵，其中有不少熟悉的面孔，抑不住興奮情地大呼小叫、指指點點，經常遭到年長者的訓斥：「小伢子趕快家去，不要在這裡瞎鬧！」

鎮江市出了個救火英雄，郭姓，是赴京上訪時參加某工地救火不幸犧牲的。我們被他的事蹟感動的不行，結伴步行（囊中羞澀，那時還沒小金庫）去鎮江象山園藝場弔唁，也算圓了一次串連夢。

我們還批量加工過毛主席像章。揚州皮市街上的有個街道小廠，當時承接了生產像章的第一道工序，就是在裝有模具的沖床上，把鋁板壓成像章毛坯。在生產過程中，難免會有一些殘次品，與鋁材的邊角料堆在一起等待回收。我們發現這個祕密後，經常光顧這個廠，半要半拿（偷）地「請」回幾十枚毛坯。徐杰不知從哪裡討到幾瓶透明油漆，接下來，用細毛筆蘸著上色，是我和唐春陽的強項。經過十來天的忙碌，我們都擁有了十來枚簇新的像章，頓感底氣下沉，跩的像個地主似的（當年還沒大款一說）。

那年月，還有個說法，叫做學習宣傳貫徹毛主席最新最高指示不過夜。只要半夜裡響起鑼鼓聲、鞭炮聲，肯定是毛主席發佈了最新最高指示，人們又上大街遊行了（後來知道，他老人家是白天睡覺，晚上辦公，中南海有一盞永遠不滅的燈光）。

每當此時，我肯定會從被窩裡爬起來，與一群孩子緊隨在燃放鞭炮的人身後，從地上搶奪未爆的啞炮。鞭炮的娛樂性是多樣的，既可從中間折斷點著後欣賞燃燒的火焰，也是火藥槍的主要引爆物質。儘管手指和虎口常被炸得漆黑甚至開裂、流血，仍然鍥而不捨，愉快地要命。

到街頭搶傳單，也是個有趣的遊戲。初級撒法是把疊好的傳單拋向上空，飄落下來就會引得眾人轟搶，那場景與杭州西湖中花港觀魚的魚兒搶食有的一拼。高大上的是在行進中的宣傳車上散發，一路飄飄灑灑猶如天女散花，車後每每緊隨著歡樂的人流。

傳單的內容一般是「緊急呼籲」「嚴正聲明」「特別號外」「特大喜訊」什麼的，最受歡迎的還是五花八門小道消息。印象最深的一張，是經解放軍　醫院體檢，偉大領袖毛主席可以活到一百五十歲，林副主席可以活到一百二十歲。還記得一份「上海來電」報喜：「毛主席的小兒子已經找到了。在江蘇蘇州專區吳縣李公口公社十字大隊當會計，現在已到韶山找他舅母去了」。

我們都是狂熱的追星族，聽說我們所追的人民大救星能活一百五十歲、在七十多歲時找回了失散三十多年的兒子，真的感到無比激動和喜悅，比自己的爺爺能活到一百五十歲還要幸福。

撒傳單的人無疑是街頭無事佬們圍觀的對象，其瀟灑程度可與地下黨在白區搞飛行集會時的英姿媲美，讓我們羨慕的不行。經過精心策劃，我們在揚州中學物色到一個紅衛兵戰鬥大隊（一間教室，一個人，一臺油印機）。進得門去，直奔主題，說我們是「黑小鬼」，想印一份傳單，請紅衛兵哥哥支持我們的革命行動。

那時講派別，這樣說的目的想讓兩派都以為是自家人。那位哥哥可能懶得戳穿我們的小伎倆，也可能正好閒來無事，二話不說就開始張羅。

當時的傳單大多是在手動油印機上印出來的，先在鋼板上刻寫蠟紙，再將蠟紙敷在油印機銅網下面，蘸勻油墨手推油輥，蠟紙上刻寫的內容就會漏印到白紙上。那位紅衛兵哥哥親自推油輥，這是個技術活，輕重快慢全靠手感，才能做到墨色均勻。我們則負責掀合銅網，逐一翻紙，手上都蹭上了不少油墨。不一會，桌上就堆起了百來份散發著墨香的傳單。

出了校門，顧不上油墨未乾，我們就屁顛顛地動作起來。邊走邊撒邊吆喝：「快看啊，最新的北京消息，特大喜訊！」看著哄搶傳單的大人們，感到真好玩，不僅過了一把撒癮，還第一次領略了被簇擁的感覺。

從六月開始，學校停課了。我們這一屆已經參加過中考，文革這麼一來，被中學錄取是不大可能了，紛紛殺回小學校園鬧革命。我的母校叫做揚州師範附屬小學（當時好像改名為東方紅小學），是當年揚州城裡最好的小學，也是地方和部隊大小幹部後代的雲集所在。有句話在家長們為孩子擇校時常被提起，「要得好，到附小；要打架，南河下」。就是說附小的學生教學品質好，校風正；而南河下小學的生源大多是工人子弟，學生兇悍。真是世事難料，文革一來，「要的好」的學生們卻率先鬧起事來。

第一個批鬥目標是校長，吳姓，個子不高，平日裡戴一副深度的玳瑁眼鏡，溫文儒雅，典型的教書匠，排來列去，也湊不出幾條罪狀；加上他的認罪心態出奇的好，唯唯諾諾，絕不抗辯，鬥了幾次便覺得膩味了。此時有人爆料，有對青年教師未經組織批准，私蓋公章，騙取結婚證等等。這條未經考證的花邊八卦，讓紅小兵們像注射了雞血似的亢奮起來，革命真他媽的不容易，終於又找到新目標了。立馬連夜把這對教師從家中揪到學校，批鬥起來。

男教師，胡姓，一位很有才華的語文老師，也是我小學四五年級的班主任。在姪女王湉為我保存的作文簿上，還可看到他當年的一手好字和鼓勵性的點評。女教師，樊姓，一位漂亮的數學老師，學校女教師的「五朵金花」之一。

批鬥照例是讓他們跪在毛主席像前請罪開始的。對十二三歲的紅小兵們來說，批鬥男女題材讓他們感到刺激，同時也暴露了他們批判武器的貧乏，批來鬥去就那麼幾句，泛泛而不得要領。

時間一長，已有身孕的樊老師跪得吃不消了，面色蒼白，汗流不綴。胡老師看在眼裡痛在心頭，猛然把跪姿換成了立姿，面對他的學生們大喝一聲：「你們究竟要幹什麼！」霎時，鬧哄哄的批鬥場（五四班教室）沉寂了，昔日的師道尊嚴被呼喊了回來。胡老師目光所掃之處，小學生們帶有稚氣的眼神都在躲避。角色的戲劇性變化讓胡老師又陡增了幾分自信，雙拳緊攥，怒目圓睜，又是大喝一聲：「你們這是瞎鬧！」

這兩聲斷喝似乎讓這場鬧劇無法收場了，樊老師的介入卻把劇情推向了另一個高潮。只見她顫悠悠地站了起來，從背後將胡老師抱個緊緊，連聲說著：「不能呀，不能呀！」。就在胡老師意識到失態即將面臨不堪時，小學生們也意識到了時代賦予的強大。在重新響起的「頑抗到底，死路一條！」「敵人不投降就叫他滅亡！」的口號聲中，有人提議：「把他們拖上街遊行示眾！」

事發倉促，紅小兵們充分發揮了急智。有人找來了少先隊的大鼓、小號和銅鑔，作為遊行隊伍的先導；有人將過去大合唱用過的花環串連起來，權充必須的高帽；還有人從被窩裡叫來了吳校長，讓小學裡最大的走資派陪遊。幾十個小學生們，簇擁著曾經的三位師長，遊出校園，遊向社會。

當我們的遊行隊伍沿著廣陵路行進到國慶路口時，對面來了一撥聲勢浩大的隊伍。這是揚州專區四個劇團聯合主辦的大遊街，看得出是經過精心策劃的。大小十幾個走資派各有分工，有的鳴著鑼，有的吹著喇叭，有的抬著舞臺上的官轎，體現著走資派們為中國的赫魯雪夫鳴鑼開道、吹喇叭抬轎子的創意。

驀然，我在對面的隊伍中看到了父親，他被剃了花頭，脖子上掛了塊的牌子，間雜在走資派的行列中。當我亢奮地遊鬥著別人的父親時，另一拔人同樣亢奮地遊鬥著我的父親。霎時，羞愧、憤懣還是另外什麼樣的感受傳遍了我的身軀，肢體語言是兩眼發直，雙手微顫，雙腿發軟。

第二天，我母親請我姨父李書壽幫忙，將我和弟弟、妹妹帶去江都親戚家「政治避難」。途經學校門口時，從裡面衝出幾個昔日的戰友。他們一把抓住我衣服，惡狠狠地說：「回去告訴你爸爸，只許老老實實，不許亂說亂動！」我默默看著那幾張變得陌生的嘴臉，任由他們收去了紅小兵袖章。

由此，我也告別了小闖將的革命生涯。

我在南京軍區司令部辦公室工作期間，曾收到胡老師來信，他當時已是揚州一所中學的教導主任。他在信中回憶我兒時讀書作文的一些舊事，勉勵我努力工作並加強聯繫等等。我也很認真地回了信，感謝他當年的啟蒙之恩，敬請保重身體等等。你來我往，信中都沒有提起當年這件舊事。胡老師不提，是他大度寬容了他的學生。我不提，實際上是一種逃避，作為一個參與者，原本是應該發自內心地說一聲對不起的。

貳 亂世

揚州這座城市，是在南北文化碰撞、融合的漫長歷史進程中，一次次荒蕪，又一次次重建的。那些個興衰榮辱、那些個大起大落，幾乎都是外來打工者的作品；就連有關揚州的詩詞歌賦，十之八九也出之旅遊者的筆下。江湖上將揚州的土著稱作「虛子」，詮注為虛榮、虛誇、虛張、虛偽有點尖刻（揚州人不罵揚州人），形容為好誇張、好做秀大概是不會錯的。

時至亂世，揚州虛子們終於找到了最能表現自我的大舞臺。

一

黑字兵沒有風光幾天，就被封為保皇派，由黃字兵（袖章紅底黃字）漸而代之。關於保皇派（後稱保守派）的定義，我至今找不到貼切的注解。當年還沒有黨政分開這一說，黨領導一切是上了黨章進了憲法的。所以，如果把中國比喻成一個公司，法人代表和董事長理所當然是中共主席。國家主席在黨內排行老二，也就是個副董事長或總經理的角色。這個「皇」字與老大無關，卻讓老二受用了，有點亂。

還有更亂的，揚州的黃字兵弄了個「擒皇進京說理控訴代表團」，裹挾揚州地委副書記、地委文化革命小組組長張利群到了北京。張利群如能稱之為「皇」，那揚州地委書記胡宏稱什麼（皇兄）？江蘇省委書記江渭清稱什麼（太上皇）？所謂最大的赫魯雪夫又稱什麼呢（祖皇帝）？也就是這個代表團，在北京受到了中央領導的接見和支持，從此，揚州山河開始變「黃」了起來。

黃字兵們從小到大，由弱變強，在全國各大院校「五湖四海赴揚州革命串連隊」數萬大學生的援助下，對揚州地委以及揚州市委（縣級市）發起了暴風驟雨般的進攻。以揚州地委書記胡宏為首的大小當權派，都受到了程度不同的批判和遊鬥；胡宏的夫人閔華生被責令每天掃大街，成了市民們議論的熱門話題；各級政權組織基本癱瘓，連揚州行政公署和地委的大牌子，也被砸成了三四截，扔在馬路上任人踐踏。

黨和政府的招牌被砸了，有人開心，有人無所謂，也有人感到痛心疾首。那天下午，地委門口來了三位穿著舊軍裝的中年人，聽說是揚州的五類軍人紅衛兵（老紅軍、殘廢軍人、復員軍人、退伍軍人、轉業軍人的組織）。他們像自家的祖宗牌位被砸了似的，一邊放聲的哭著，一邊用衣袖擦拭著碎牌子上的腳印和污穢。

這兩塊牌牌，在從戰爭年代走過來的幾位老戰士心目中，是自己的熱血，是戰友的生命。他們對自己拎著腦袋打下來的政權抱有極其深厚的感情，而這種感情恰恰又是紅衛兵們必須在精神層面認同的。喧囂的鬧市在哭聲中漸漸沉寂了，圍觀的人群默默地看著他們抬起了碎牌子，默默地讓出一條通道，默默地目送他們離去。

紅小兵也分黑與黃。我們小學最先成立的黃字兵，叫做毛澤東思想紅衛兵野火革命造反戰鬥大隊（取「野火燒不盡」詩意）。頭頭是個硬梆梆的紅五類子女，父母從事民間物流業（拖板車）。

他長著狼一樣嚴峻的臉龐（眼珠偏黃色，有點像《水滸》上的金眼豹施恩），穿著一套肥大的舊軍裝，手中拖著一根大木棒，身上掛著一個裝四節電池的大電筒，在校園裡一呼百應，很神氣。我曾想像，這個孩子王如果出生在萬惡的舊社會，必定是打土豪鬥地主的高手，或許還能當上光榮的紅軍戰士或游擊隊員什麼的。

也有企圖奪取正統造反派地位的同學，組成了新的戰鬥大隊（人頭屈指可數）與之分庭抗禮。那年頭成立組織既不用社團登記，也不用工商註冊，名稱和大小也是隨心所欲。針對「野火」，起名毛澤東思想紅衛兵春風革命造反戰鬥大隊（取「春風吹又生」詩意）。

小學生的兩大黃色革命兵團，各自佔據了一幢教學樓開展造反活動，除了打口水仗以外，還發生了一兩次小規模武鬥（我曾被後樓飛下的一個硯臺擊中小腹，痛了好多天）。雖然沒死人甚至也沒人光榮負傷，但引起了絕大多數家長們的高度警覺，不再允許孩子們到學校去。革命隊伍的嚴重缺員使造反難以為繼，不久均作鳥獸散了。

我們小學還出了一個新聞人物（高我一屆，已是揚州中學初一的學生），郭姓，時年十三歲。郭同學在小學時是個公認的品學皆優的好學生，她領銜主演的童話歌舞《三隻蝴蝶》，曾給兒時的我留下美好記憶，也為我們學校贏得了多方讚譽。

郭同學的父親是揚州市委監察委員，歷次政治運動培養出的敏銳，讓他認為文革初期的種種導向，類似反右事件中的「引蛇出洞」。無論是出於感情還是理智，他對女兒的造反言行保持著高度警惕，絕不允許自己的孩子上當受騙，「充當了右派的急先鋒」。

面對中國傳統的家長式管教（三天不打，上房揭瓦），郭同學自以為真理在胸，正義在手，一直昂著頭與父親辯論，堅決不承認造反就是反黨。我的一位小學同學與她家鄰里而居，提及此事仍記憶猶新：「我們兩家都住在銀行的宿舍，她參加黃字兵造反，被爸爸打了，乾脆吃住都在學校裡，不回家。媽媽到學校把她拉回來，關在小二樓上不准外出。揚州中學的紅衛兵找來了，接應她從樓上跳窗戶逃了，後來去了北京。」

我曾看過郭同學在東方紅路糧食局附近牆上（她的家門口）貼的一張大字報，大造父母的反，宣布與不革命的家庭決裂。這件事轟動了揚州城，她的父母也跟著揚了名，冠以「壓制革命小將造反的劊子手」「封建禮教的衛道士」。

郭同學成了揚州紅衛兵的領軍人物，到哪裡都是前呼後擁，還配了一位兼職女秘書，江姓。江秘書（揚州中學的紅衛兵）是個從小沒穿過鞋子的苦孩子，也是位公認的高才生。她的秘書工作重點，是幫助郭同學寫寫改改大字報、發言稿什麼的，順便教她學游泳。

一九六六年的國慶觀禮，郭同學登上了天安門，幸福地見到了心中的紅太陽。幾天後（十月六日），在北京工人體育場，首都大專院校紅衛兵造反總司令部（紅三司）主持召開了有十萬人參加的「全國在京革命師生向資產階級反動路線猛烈開火誓師大會」，郭同學被安排上臺發言，對父母作了控訴和批判：「他們用脫離父女關係威脅我，用沒吃沒穿嚇唬我，用人情母愛軟化我，並強行把我關在家裡三天」「什麼『脫離關係』，什麼『永遠不要回來』，什麼爹娘，什麼人情，都攔不住我！爹親娘親沒有毛主席親！沒有黨，沒有毛主席，哪有勞動人民的今天！」

手邊有一份揚州東方紅農業大學革命委員會政治部編印的《東方紅戰報》（一九六六年十月六日），頭版以醒目的標題，報導了郭同學的這次大會演講，還特別提到在場的中央領導給予了肯定和鼓勵。最有個性的語言是江青，當得知郭同學的父親是一九四三年參加革命的游擊隊員後，當即擺著手說：「不要怕，游擊隊員怕什麼！」

時隔一個多月，康生率團出訪阿爾巴尼亞，歸途在烏魯木齊又提到郭同學：「她講得好，她跟她父親母親鬥爭。我就問她你兄弟姐妹幾個？她說四個。我問：你是老幾？她說老二。我說你父親是不是只喜歡老大、老四，不喜歡你？她說不是，我們觀點不同」「她父親是揚州市的監委。她反對地委那些走資本主義道路的當權派，她父親壓制她革命，她對她父親說，你過去革命我就贊成你，你不革命，我就反對。十三歲的孩子懂得這個道理，她說我們觀點不同。我說，好！她把毛主席紀念章給我戴上了，我就戴著去阿爾巴尼亞串連。」

一個未成年的小女孩瞎折騰，可以看作是少不更事，或者是逆反心態。而擁有強大影響力的爺爺奶奶伯伯阿姨輩的那些人，在全國性公眾集會以及公開場所對其言行讚賞有加，縱然有一萬個理由也有誤導之嫌，顯得做人不是太厚道。全國人民代表大會常務委員會直到一九九一年九月，才通過《中華人民共和國未成年人保護法》，委實是晚了點。

後來，郭同學作為揚州造反派的好派代表之一，在北京參加了兩派造反組織關於大聯合的談判，在不少協定上留下了帶有稚氣的簽名。揚州的各級革命委員會成立不久，她很快被邊緣化，下放到興化縣的水鄉當知青，接受貧下中農的再教育。緊接著，被人揭發是所謂「五一六」反革命集團的骨幹分子，受到了「殘酷鬥爭，無情打擊」。一同下放的江秘書也跟著遭了罪，清查時審訊連軸轉，幾天幾夜不准躺下、不讓休息，她居然練就了站著睡覺的絕技。

平反後，郭同學就地安排在興化縣的婦聯工作。還沒安生兩年，在清查與「四人幫」有關的人和事中，又被舉報曾受到過江青的單獨接見、擁抱並笑呵呵地合過影（當年拍照片屬高檔消費，哪有不笑之理，求全責備了）。於是，讓不少人大代表（主要是領導）聯想起她小時候的故事，從而罷免了她的江蘇省第五屆人民代表大會的代表資格。再後來，她調到了南京的一個單位工作，漸漸淡出了人們的視線。

從經濟學的角度看，郭同學造反的成本委實高了去。

二

當時，揚州地區所轄的四個劇團（揚劇團、京劇一團、二團、歌舞團）是最先造反的單位。我父親是揚劇團團長兼黨支部書記，理所應當地受到衝擊，被關進了牛棚。主要任務是寫檢查，接受批判以及被掛牌遊街示眾，還有必不可少的懲罰性體力勞動。突擊性工作是不分晝夜的，主要是幫造反派抄寫和張貼大字報。

大字報是標誌性景觀，熱點位置集中在市區的鬧市和主要街道。沿街牆面不夠用，還用毛竹、蘆席搭了若干低成本的大字報欄。大字報的來源是無窮無盡的，亂哄哄你方貼罷我登場，貼了蓋，蓋了貼，寫上「至少保留×天」也沒用。

揚州富春茶社東側的一個小巷盡頭，兩牆之間搭了間只能放張床的窩棚，住著一位蓬頭垢面的老嫗。老嫗每天必去茶社吃早點，或乾絲、或湯麵、或什錦包子，這等消費水準在揚州城裡絕無僅有。人們在好奇之餘產生了種種猜疑和聯想，有保持革命警惕性者跟蹤偵察，揭開了謎底。

原來老嫗每天深夜上街撕大字報，此時撕下的都是一片片紙板，很打秤，直接堆放在甘泉路上（位於當時的市中心）的一個廢品收購店門口；然後，換條街道再接著撕。收購店上班時她總是第一賣家，二分錢一斤，每天都有塊把錢的廢紙收入。老嫗無兒無女無老伴，自己掙錢自己花，吃點早茶也就是幾小毛的事，多大的事啊。

有次，全家同去富春茶社就餐。途經小巷時，又想起當年那窩棚、那老嫗。母親告訴我，文革後期，老嫗再無大字報可撕，斷了主要經濟來源，不久就死了，聽說患的是癌症。

人在牛棚，就要像牛一樣幹活。我父親雖然正值壯年，但從多年的爬格子（稿紙）一下子改為當長工，一時較難適應，經常疲憊不堪。讓他感到寬慰的是，嚴肅的政治運動中也有戲劇性的情節，人心和人性時不時閃爍著亮點和溫馨。

有天傍晚，劇團到郊區演出，大件樂器、服裝、道具、燈光和佈景都是走資派以及「牛鬼蛇神」們用板車來回運送。我父親拖起板車剛要起步，老藝人陳玉坤（也加入了造反派）遞過一塊燒餅：「帶著，回來的路上吃。」我父親後來多次說起，那天的演出結束很晚，當夜饑腸轆轆，如果沒有那塊燒餅，那一大車東西很難拉回來。

我父親還有一個每天都要完成的硬指標：挑滿食堂裡的三大缸水。這不是他的強項，挑著挑著就氣喘吁吁、汗水淋漓。有說話算數的造反派悄悄指點：「不要呆，說歸說，你少挑一點沒有關係。」

劇團的一位老炊事員怕我父親想不開，經常引用戲文對他進行思想政治教育：「仙家（揚州方言，此處泛指神仙）自有仙家做，哪有凡人當仙家。運動走了，坐轎子的還是坐轎子，抬轎子的還是抬轎子（這句話可看作工農兵學哲學的範例）」。

我父親的主要罪狀是參與了揚劇和電影《奪印》的創作。一九六七年六月，《揚州紅衛兵報》先後登載了批《奪印》戰鬥隊撰寫的，《〈奪印〉的要害是推翻無產階級專政》和《大毒草〈奪印〉出籠的前前後後》兩篇大批判文章。前一篇洋洋灑灑近萬字，在「前言」寫道：「《奪印》公然貶低毛澤東思想，把矛頭指向毛主席；嚴重歪曲貧下中農形象，極力暴露和誇大人民公社的『陰暗面』，惡毒攻擊三面紅旗；為被罷了官的右傾機會主義分子鳴冤叫屈，鼓勵牛鬼蛇神翻天，是《奪印》最惡毒之處。」這樣的高度，在過去可不是說的玩的，搞不好會要人命的。即使輕點被打成反革命，活罪難熬，跟槍斃也差不了多少。

擔憂並非空穴來風，身邊事讓人觸目驚心。

與我家相隔十多戶人家，有位王姓鄰居，是揚州某化工廠的工人。他既沒造反，也沒保皇，是所謂的逍遙派（有別於造反派、保皇派的又一流派）。但目睹種種現象，他從不理解到不滿直至產生激憤。此人愛好創作，將所見所聞編成了一百多行的打油詩，很認真地謄抄在一個筆記本上。

據老人們回憶，最犯嫌的是這麼幾段：「時屆一九〇六六，天皇有旨五一六。霎時平地起風雷，天昏地暗鬼神哭」；「副帥長相有點絕，禿頂粗眉鷹鉤鼻。寶書緊緊握掌心，歪嘴和尚在念經」。詩裡還寫到揚州發生的一些事情，「那天陳超被遊街，三尺高帽頭壓歪。一直拖到衙門口，造反健兒不鬆手」；「揚州有個郭××，造反不認親爹娘，萬人會上來演講，口號喊得震天響」等等。

某日，他兒子無意間將那個筆記本帶到了學校，被校方發現後立即報告了有關部門。當天晚上，王鄰居在家中被捕並被抄家，不到三個月就被判處了死刑，罪名是「惡毒攻擊無產階級司令部」。因言獲罪，為詩送命，現在想來真是件非常恐怖的事。

正當我們全家憂心忡忡時，又冒出一個江蘇高郵縣《奪印》調查團和高郵縣龍王大隊文化革命委員會炮製（借用造反派慣用詞）的一份《揭開影片〈奪印〉的黑幕》。我父親參與創作的電影《奪印》是部故事片，不是紀錄片，不是紀實文學，而這份小字報卻將影片中的人物與現實生活中的人物完全對號入座。影片中的何文進是龍王大隊黨支部書記，「是一個害死十五條貧下中農生命的劊子手」，積極分子胡素芳是小耿家的一個「大破鞋」，陳廣玉是「二流子」，大隊長陳廣清是「漏劃富農」。而影片中的幾個對立面人物，也被對號入座，有的是「深受貧下中農尊敬的老革命」，有的是「解放前好名也取不上的受苦人」。

高郵來人不僅到處散發和張貼小字報，在揚州大街小巷的牆壁上、電線杆上、甚至連我家附近的公共廁所裡都能見到。他們還找到專區揚劇團的造反派，要求將我父親揪到高郵去批倒批臭。遺憾的是，他們的革命要求沒能得到滿足。理由很簡單，走資派無論大小，當時仍屬稀缺資源，你拖去鬥了，我鬥誰？

通訊《老賀到了小耿家》作者之一、也是揚劇《奪印》作者之一的談宣卻吃了大苦。他被造反派揪到高郵以後，遭到輪番批鬥。有個被當地人稱作「攪神」（攪屎棍子的攪）的造反分子，多次在背後用木棒猛擊談宣的腰間，打得他疼痛難忍，尿血多時。談宣晚年患腎癌，臨終前對子女們痛訴：「這個病，根子是文革時在高郵落下的！」

中國的老百姓真的很善良、很健忘。這件事如果發生在以色列，那個「攪神」即便是隱姓埋名、整容換貌、亡命天涯，也會被猶太人終身緝拿，最終受到法律的嚴懲。

當時同我父親關在一起的，還有揚州地委書記胡宏。兩個牛棚相距很近，只隔了一個小天井。那一年的夏天很熱，胡宏被關押在室內，行動沒有自由，喝的水、洗澡水也沒人過問。經向造反派求情，我父親每天可以給胡宏代打一瓶開水。上街為造反派刷標語、貼大字報時，也會乘機買一些小報，在送開水時偷偷帶去，讓他瞭解一些外面的資訊。胡宏總是粗略翻看一下就退還，擔心被造反派發覺給我父親帶來麻煩。後來聽父親憶舊，總感覺不像現在的事，有點像電影中的地下黨。

「主持炮製大毒草《奪印》」，也是胡宏的重要罪行之一。在批鬥大會上，造反派責問有沒有說過劇本的時代背景，「可以寫困難時期」「小陳莊可以是生產搞得不好」。他思索了一下，用肯定的語氣回答「說過」。造反派又追問，「你講這樣的話是什麼用心？」他很乾脆地反駁，「如果不寫困難時期，不寫小陳莊落後，就不需要派何文進去當大隊書記了」。

若干年後，我父親對此仍心懷感恩：「關於劇本時代背景的那些話，是我們幾個作者在討論劇本修改時說的，純屬是就戲說戲。但在當時上升到政治高度，就有可能構成一大罪行。胡宏同志在身陷囹圄、輪番批鬥、前程未卜的境地裡，依然勇於承擔責任，竭力為我們開脫，這是何等的膽魄，何等的胸襟啊！」

不久，來揚串連的北京大學生中有人提出，《奪印》是得到周總理肯定的（先後看了三個不同劇種的演出），不能批。揚州的造反派中也有人對批判這個戲持不同看法。更重要的是，造反派們移情別戀，興趣轉向了奪取真正印把子的新目標，批判《奪印》的熱潮慢慢冷了下來。

我在擔任南京軍區原司令員聶鳳智的秘書工作期間，曾隨首長去廈門參加中顧委華東組的集會。途經福州時，時任福建省委書記、省顧問委員會主任胡宏設宴招待。席間，聶司令員因身體欠佳，要我代為敬酒。我代表首長向胡宏敬酒後，說再代表我父親敬一杯酒。見他有點詫異，連忙說家父是當年參加寫《奪印》的王鴻。胡宏聽後笑著說：「哦，我和你爸爸是難友。」接著，他向出席宴會的其他領導介紹說，「我老家（指多年工作的地方）的孩子來了！」

顯然，他還沒有忘記和我父親同遭劫難的往事。

圍繞「一・二八」奪權事件，揚州的造反派分化為兩大陣營：好派與屁派。派別的命名屬於侵犯智慧財產權，是從省城南京抄襲過來的。

三

文革中的江蘇省及南京市，同全國大多數省市一樣，曾湧現出五花八門的造反組織。經過一段時間的分化、械鬥和聯合以後，逐步形成了以「紅總」（江蘇省工人紅色造反總司令部）為首的和以「八・二七」（南京八・二七革命串聯會）為首的兩大派別。

上海造反派刮起「一月風暴」，在全國首開奪權先河。一月二十六日，「紅總」以江蘇省革命造反派聯合委員會籌備委員會的名義，發表《江蘇省革命造反派聯合奪權聲明》，奪了江蘇省以及南京市的黨委和政府的大印。

緊接著，在南京五臺山體育場召開慶賀大會。造反派要求解放軍表態，並在大會上發言。由於上海的奪權得到了毛澤東的肯定，被認為「方針、行動是正確的」，並號召「全國黨政軍民學習上海的經驗，一致行動起來」，南京軍區必須緊跟不掉隊。軍區的幾位筆桿子，加班寫出一份發言稿，連夜送給幾位主持工作的軍區領導傳閱，又經七改八改，定一個基調「好得很」。

代表駐寧部隊在大會上發言的，是一位我很敬重的老將軍（時任南京軍區副司令員）。沒想到他用濃郁的湖南口音說出「好得很」三個字後，竟引起江蘇兩大造反組織的互相詆毀。「紅總」洋洋得意，好得很！「八二七」氣急敗壞，好個屁！從此，一般群眾包括造反派內部，把「紅總」稱為好派，「八二七」稱為屁派（「八二七」有的自稱P派）。

這則南京以及江蘇的好派、屁派的由來，我轉業後寫進了由江蘇人民出版社出版的《毛澤東之劍》一書。接手我工作的陳仁禮秘書（現任江蘇證券監督管理委員會紀檢組長）告訴我，老將軍的夫人看到書中的這段文字後有點不悅，說「我們過去對王秘書很好，當自己的孩子一樣，他在書裡點名道姓的寫這些東西幹什麼！」

我聽後內心很忐忑。這段珍貴的文革史料，老將軍不僅對我詳細說過，而且在南京軍區老首長的整黨座談會上也作過回憶。但是為了記載歷史而忽略了他的家人感受，確是不妥。好在這本書受眾面較小，再版時我又認真作了修改，總算放下了心頭的這塊石頭。

省裡奪權的兩天後，以揚州紅旗工業大學為主、工人、農民、紅衛兵和文化衛生系統的六個造反組織召開奪權大會，宣布成立毛澤東思想揚州革命造反派接管委員會。揚州軍分區司令員胡先漢在大會上的表態，也是按照大軍區的口徑：「好的很！」緊接著，造反派內部因排名先後、名額多少從吵架到撕臉，好呀、屁呀地鬧作了一團。雖說這個造反政權（奪權）是個短命鬼，兩個月後揚州就實行了軍管。但好屁之爭卻愈演愈烈，一直發展到動槍動炮。

歷史從造反派鬥走資派，進入了造反派鬥造反派的新階段。

我曾親眼目睹了造反派鬥造反派在轉型期的一次全武行。一九六七年春，揚州專區四個劇團的一方造反派（後來的好派），聯合省文化系統的造反派，精心組織了一場豪華版的批鬥大會。從省城揪來了以省委宣傳部副部長錢靜人、省文化局局長周邨為首的江蘇文藝界最大的走資派，揚州陪鬥的則有地委書記胡宏、宣傳部長郭鐵松，另外還有省地市三級「文藝黑線」上的頭面人物，在紅旗劇場召開「全省文化界批鬥走資派大會」。

從同學那裡聽說這個消息後，我急忙趕到劇場，從後臺溜了進去（從小看戲，各劇場的地形都很熟悉），主要想看看被關在牛棚多時未見的父親。舞臺上黑壓壓地跪倒了一片，連高秀英、華素琴這些著名的揚劇演員，也從南京押來跪在了走資派們的身後。唯有已患重病的揚州評話大師王少堂，被恩准坐在臺角的小板凳上。

我終於找到了父親，他和一排小走資派們，掛著黑牌站在舞臺下方的沿口（應該是舞臺上跪不下了）。人黑了點，也瘦了許多，頭髮零亂，神情顯得很疲憊。

臺上的主持人剛剛宣布大會開始，劇場內突然騷動起來，另一方的造反派（後來的屁派）有備而來衝會場，開始是高呼口號：「把反動黑班主吳××揪上臺示眾！」接著，就有一夥人亮出了早就準備好的高帽子、黑牌子，把對方的一個頭頭往臺上拖。在互相謾罵聲中，一派拖，另一派拉，拖著拉著就動起手來。只見劇場內、舞臺上拳腳相加，板凳飛舞，打了好一會才逐漸平息下來。

批鬥會被衝開不成了，走資派們也押走了，造反派們互有傷殘，也忙著舔傷口去了。在一片狼藉中，我看到了一輛被砸壞的獨輪車。後來聽說，原先安排批鬥會後還要大遊街，還有文化創意，讓已經不能行走的王少堂坐在獨輪車上，由我父親和當時的揚州市文化處副處長韋人分別推車和拉車，寓意為「封資修」推車開道。遊街雖然取消了，但少堂老人卻因連鬥帶病，第二天就抱恨離開了人世。

好屁之爭很快在老百姓中蔓延開來，原本好端端的家庭、親朋、同事、鄰里，由於參加了不同的派別，紛爭和衝突便成了家常便飯。所謂派性，用當時的流行說法叫觀點不同，觀點決定了兩派人員的構成。開始，各派還為自已豎點正統、正確的紅牌坊，指責對方的不貞、不忠。到後來，派性造就的群體恩怨裡摻雜了個人意氣，從各執已見發展到勢同火水，各層各級都以鬥倒鬥垮本單位的對立派為最高目的。

我有一兒時夥伴，鄢姓，因家庭成分不好（其父曾任國軍中校，文職），在學校裡為人很低調，被取綽號焉雞。他有兩個哥哥，老大參加了好派，老二參加了屁派，常為觀點不同在家裡拍桌子打板凳（越是成分不好的人越是要強化自己的革命形象）。老二隨屁派總部撤退到城郊後，背上長了個癰疽，因鄉下缺醫少藥又逢酷暑，不得不潛回揚州治療。老大見老二帶病歸家，一邊罵著「你這是活該」，一邊逼他去好派那裡投案自首，爭取寬大處理，全然不顧弟弟的病痛和父母的勸阻。

可能是母親的淚水觸動了鄢同學的爆發點，縮在一旁的焉雞突然變成了鬥雞，操起一把菜刀向老大衝去。身旁的老二下意識地出手將菜刀打落，不料此刀落地後反彈，竟不偏不倚地砍在了老大的腳腱上。鄢同學見老大腳上血淚如注，鬥雞又變成了焉雞，慌忙逃離現場，出門時被門檻絆了個大馬趴，摔在天井裡半天爬不起來。

弟兄兩個被送到醫院，老大因腳腱被砍斷，註定這輩子走路不會利索了。鄢同學摔了個小腿骨折，被在醫院實習的一位赤腳醫生（當時泛指農村非正式醫療人員）麻利地接上。石膏拆除後發現腿不帶勁，拍片子才知道是骨頭沒接準。那位醫生說不要緊，將來身體發育時會長好的（這是屁話）。鄢同學的那條腿骨從少年長到現在也沒歸位，走路時依舊是翩翩的。

像這樣因派性而「一刀砍出兩仙家」（揚州方言，此處專指跛足神仙鐵拐李）的雖然是個案，但長期激烈的派性爭鬥造成的人與人之間的裂痕，若干年後也沒有完全癒合。

四

揚州的武鬥，是從雙方顯示軍威的「閱兵式」開始的。一輛接一輛的敞篷貨車上，滿載著全副武裝的鬥士。他們頭戴建築工人的柳藤安全帽，手持大刀、長矛、撬棒和木棍，表情激奮地呼喊著口號，在主要街道上遊來轉去。最吸引眼球的是駕駛室兩邊的踏板上，各站著一個領軍人物，不是大小頭頭，就是武林高手。

我家附近的花菊巷菜場前有塊空地，常見一位叫做「大獅子」的青年練習飛叉。飛叉在他手上、胳膊上、肩背上呼嘯著翻來滾去，出神入化，讓圍觀的孩子們崇拜得五體投地。一次，我看到他手持飛叉站在了車踏板上，腰紮一條特寬的牛皮帶，衣襟敞開處秀出健碩胸肌，很酷。

其實，揚州的武鬥不像有的城市那麼火爆，在市區也沒有見過屍橫遍野的血淋淋場面，甚至連一次像模像樣的攻堅戰役都沒有組織實施過。究其原因，大概與造反派中缺乏軍事指揮人才有關。

從古至今，揚州這個地方出文人不少，出武將不多。最厲害的要數隋朝時期揚州城西白土村的來護兒（字崇善）。他一生從戎，為楊堅、楊廣父子兩代皇帝立下汗馬功勞，官至左翊衛大將軍，進位開府儀同三司。這個職位大概相當於現在的首都衛戍區司令，並享受政治局委員的各種待遇。但查查家譜，他的曾祖輩是由南陽新野遷居而來的，只能算大半個揚州人。

近現代以來，揚州更是鮮見運籌帷幄和帶兵打仗的將才。記不清是哪位外國的軍事專家說過，不想當將軍的士兵不是好士兵。其實，將軍決不想出來的，古代靠武藝，當代靠運氣，成功的概率太低。就拿我們這些兵為例，那年走了二三百號新兵，有去野戰軍的，有去大軍區直屬部隊的，有想法有抱負有可能的人肯定不少，到頭來沒有一個當上將軍。

所以，沒有軍事含金量的造反派武鬥，談不上什麼戰略戰術，有點類似於上世紀初民間的大刀會、紅槍會的冷兵器械鬥，比的是膀子粗，拼的是人多。

許世友在《我在紅軍十年》回憶錄中，敘訴了他在農民自衛隊時痛打紅槍會的場景，這段文字是我代撰的：

「紅槍會的『包裝』名不虛傳，空中搖的旗是紅的，肩頭扛的槍是紅的，身上穿著的衣褲是紅的，紅頭巾、紅腰帶，有的甚至在臉上、身上都塗上了朱砂，看上去血紅的一片」「仗還沒有開打，一個披頭散髮、袒胸露臂、兩眼布滿血絲的教師爺走了出來，一手舞著八卦旗，一手晃著鬼頭刀，只見他渾身亂抖、腳步踉蹌，嘴裡還振振有詞地念著咒語，崑崙山，纏硬體，觀音賜的金剛體，金剛體，肚練氣，能防刀槍能防戟，槍炮子彈不入體……」

如果玩個穿越，這個場景似乎又浮現在四十年後的揚州：

「紅衛兵的『包裝』名不虛傳，空中搖的旗是紅的，拉的横幅是紅的，胳膊上戴的袖章是紅的，紅寶書、紅像章，有的甚至在頭上系上條紅絲帶，看上去血紅的一片」「仗還沒有開打，一個身穿綠軍裝、頭戴柳藤帽，兩眼布滿血絲的頭頭衝在前面，一手拿著手持擴音喇叭，一手晃著大刀片，只見他情緒激昂、表情凌厲、聲音嘶啞，嘴裡還振振有詞地念著毛主席語錄，下定決心，不怕犧牲，排除萬難去爭取勝利……」

我的同鄉好友步錦昆（曾任安徽亳州軍分區司令員、轉業後任江蘇省教育廳副廳巡視員），兒時曾目睹了揚州較大規模的一場武鬥。

有天晚上七八點鐘，年少的他領著年幼的弟弟、妹妹，沿著國慶路去迎候下晚班的母親。剛走到人民商場附近，武鬥驟然間爆發。某派組織的人們，一邊呼喊著口號，一邊用磚瓦、石子密集地向樓上擲去。窗戶玻璃的破碎聲、被砸中人的慘叫聲，頓時響成一片。樓上的另一派組織開始還擊了，潑下一瓶又一瓶藥液，在昏黃色路燈的映照下，那藥液像雨像霧又像風，還伴有窒息性的刺激氣味。

步哥哥見勢不對，急忙拖著弟妹躲在了揚州謝馥春化妝品門市部的門簷下。就這樣，衣服上還是濺上了一些，開始是個黑點，很快就爛成了一個洞。更悲愴的是他弟弟的眼睛裡濺到了藥液，痛得哇哇大哭。後來知道那藥液是硝鏹水（硝酸），是可以用於毀容的作案工具之一。不幸中的萬幸，他弟弟命大福大，由於淚如泉湧，代替了大量生理鹽水或流動清水的澈底沖洗，無意間保住了這只眼睛。

揚州的好派人多勢眾，有大量的工人和復轉軍人摻雜其中。而屁派大都是學生、教師和機關幹部，玩嘴皮子、玩筆桿子還行，到了過招時花拳繡腿就不靈了。幾次武鬥下來，好派占了上風，將屁派打出了揚州，形成了好派佔據城區，屁派從農村包圍城市的態勢。

在廣陵路小學裡，我曾參觀過一次好派舉辦的展覽。進入展廳迎面就是一幅很大的宣傳畫，畫面上三位代表工人、農民以及紅衛兵的造反派表情憤怒，手捧一件血衣，還有一行彷彿用鮮血寫就的大字：「屁匪，還我戰友還我血！」

武鬥逐步升級，更新到了搶槍搶炮的階段。揚州西北鄉的七里甸有個部隊軍械庫，保管了大批戰爭年代收繳的敵軍裝備，品種上從十八世紀的木柄手槍、德國毛瑟槍、北伐時的「漢陽造」、日本的「三八大蓋」和水桶機關槍、民國的中正式步槍和各式輕重機槍，應有盡有。這個老舊軍火博覽庫，被揚州和外地的造反派輪番搶了個乾乾淨淨。

後來，我的一個小老弟調任這個分庫當主任。據他瞭解，被搶走槍炮彈藥數以萬計。當時的軍管會發了幾個文件，組織了專門班子，花了很大的氣力，用了一年多的時間，才大部收繳歸庫。非常遺憾的是，一些日本戰犯的指揮刀和國民黨高級將領的手槍流失很多，讓現在的軍史館、博物館缺失了一批無法再現的實物。

我的鄰家大哥，吳姓，也加入了搶槍的隊伍。他的戰利品是一把美式的勃郎寧手槍，雖然有點破舊，在我的眼中不諦於是件神器。經再三懇求，才被允許把玩了幾分鐘。從此，玩具手槍、自製的火藥槍都成了昨日黃花，我還幾回夢到手舞真槍在大街上耀武揚威的樣子。

說來也怪，參軍後我對槍卻失去了熱情。在連隊當文書那兩年兼管軍械，成天與槍為伍，我懶得碰一碰，連擦槍都嫌煩。我有兩位戰友，一是軍區靶場的司令員馮康伍，一是軍區射擊隊的政委王海燕，都是管槍的主。他倆多次邀我前去打靶，「子彈想餵多少餵多少」。這種很多人視為極具誘惑的邀請，我一次都未赴約。

夢歸夢，想歸想，現實中安全還是第一位的。自從造反派搶了槍，揚州城裡連空氣都驟然緊張起來，老百姓們惶惶不可終日。我們兄妹四人被外婆嚴格地圈養在家中，玩耍也僅限在大門口附近，用後來學會的計量單位衡量，方圓是以家為中心二百米的範圍。到了晚上絕對不准出門，在院子裡搭一涼床，聚精會神數星星。

那些夏夜，每當月亮在白蓮花般的雲朵裡穿行時，晚風總會送來一陣陣清脆的槍聲，那是造反派們在對空射擊，過槍癮。我第一次感到了死亡的恐懼，特害怕這些對空射擊的子彈落下時穿透我的胸膛。經向鄰家大哥們反覆請教，總算得到了「對空射擊的彈頭落下時已沒有什麼殺傷力」的慰藉（此話並不準確）。現在想來，文革中沒趕上參與甚至沒能目擊一次動槍動炮的武鬥場面，是一種遺憾，更是一種幸運。

揚州的好派得勢不讓人，喊出了「鞏固揚州城、掃平全蘇北、打過長江去、解放全中國」的口號。他們在市區站穩腳跟後，又「宜將利勇追窮寇」，在方巷、楊壽、槐泗等地對屁派發起了進攻。屁派打不贏就跑，步行到北京上訪，找大家長告狀說理。好派立即組織武裝追捕，在淮陰、徐州等地痛下殺手（「上訪」和「截訪」之風，大概就從那時開始興起的）。後來屁派排了一臺歌舞劇，叫做《血濺徐淮》，這是揚州在文革中的唯一原創劇碼，說的就是這檔子事。

好派也好，屁派也罷，都是造反派。他們衷心愛戴的是同一位偉大領袖，誓死捍衛的是同一條革命路線，甚至流血犧牲時呼喊的也是同一句豪言壯語。他們之間的PK，從觀點不同到名份之爭，直至發展到你死我活，無非都是為了證明本派是最革命最忠誠最緊跟的。他們的錯位在於，忘記了在這個政治的競技場上，自己的身分永遠是運動員。紅牌、黃牌在裁判員的口袋裡裝著，或公正或黑哨，全是人家說了算，跟你沒有半毛錢的關係。

《揚州大事記》有載，一九六七年十一月十四日晚，毛澤東、林彪、周恩來、康生及其他中央領導，接見了揚州造反派在北京的代表。十一月二十日，揚州的好派「九大總部」和屁派「三代會（籌）」（毛澤東思想紅衛兵代表大會籌備處、革命工人代表大會籌備處、貧下中農代表大會籌備處的合稱）的代表，在北京就制止武鬥、抓革命促生產、擁兵愛民等問題達成七項協定。翌年一月二十七日，在北京又簽訂了關於實現革命大聯合的協定。二月二十七日，以六十軍（六四五三部隊）為主的新的支左大軍進駐揚州，著手組建專區和各市縣革命委員會。

揚州的大局已定。

成立革委會的大會是在揚州人民體育場的大操場上召開的，人很多，比現在明星演唱會的觀眾多了去。這個會的過程已了無印象，唯一記憶是主席臺上方拉的那條大紅橫幅。全文是：揚州專區暨揚州市、邗江縣革命委員會成立和慶祝大會。

這個「暨」字，在小學裡沒有教過，感到很新奇。回去查了字典，才知道是「和、及、與」的意思。常聽祖父教誨，處處留心皆學問，此話還真有點道理。參加一個與我不相干的會，認識了一個一輩子再沒忘記的字，收穫還是有的。

很具諷刺意味的是，在北京吵啊、鬧啊，最終又不得不簽字劃押的兩派頭頭，當時是何等的認真何等的自信又是何等的神氣。他們天真地以為，這個紅色政權是他們揪鬥走資派鬥出來的，是若干次武鬥打出來的，是在北京吵架吵出來的，應該擁有話語權。就在他們當仁不讓地要分享改朝換代的勝利果實時，面臨的卻是前輩孫天生的命運。

孫天生這個人，應該稱得上揚州現代史上最大的造反派。

孫天生是個低層的手藝人，經常往來揚州與上海之間，能言善辯，見多識廣，在江湖會黨和綠營軍中有一些人脈資源。辛亥革命爆發以後，他居然煽動並帶領當地駐軍的一些士兵，毫無懸念地奪了清王朝揚州知府的大權。正像民謠所說：「揚州城，新舊十二門。九月十七日，來了一個孫天生，鼓三更，進衙門，庫銀元寶四下分，放走監牢眾犯人，宣統江山坐不成。」

孫天生以為是他奪的權，揚州城就是他的了，每天身纏白綢騎馬巡街，沉醉在老百姓的歡呼和笑臉之中。

新舊權貴們坐不住了，這個人是哪個單位的？不具備參政議政的資質嘛！於是，僅僅三天，這個造反組織就被從鎮江來的革命軍摧毀。孫天生嚇得躲進了妓院，被搜出後完成了命喪黃泉的大結局。「光復揚州」這個大桃子，被以徐老虎（徐寶山）為首的「軍管會」摘走了。

正如我很欣賞孫天生當年造反奪權的大膽，也從未質疑造反派在文革初期的激情。從奉旨造反到武鬥紛爭到爭權奪利，似乎是一條不以他們意志為轉移的發展軌跡。但當你屢屢犯規，不按遊戲規則出牌時，人家不帶你玩了是遲早的事。

以軍人為主體的揚州地區各級革命會成立以後，有一些不滿意、不服氣、甚至不把自己當外人的造反派，還不時挑起點事端，製造點麻煩。但時過境遷，在渴望過上正常生活的老百姓眼中，他們不再是英雄和勇士。在後來的整黨、「一打三反」、清查「五一六」，以及再後來的清查「三種人」等大小運動中，這些人大多也享受了當初走資派的待遇；牌子一掛，低頭認罪，一個接一個地消失在揚州的歷史舞臺上。

螺旋發展的歷史，常常出現驚人相似的重複。

參　當兵去

大概在一九六八年的八月份左右，中央下發了關於「要復課鬧革命」的文件，我們終於可以上中學了。兩年多來，中國的孩子們像鴨子一樣被散放在四面八方，現在收收心、歇歇腳，自然是件好事。這一點，是全社會的共識，理當如此。至於學什麼、能學到什麼，再說。

一

入學不要考試，成績好壞一個樣，按所住的地區分配。我家住在永勝街，被分到了揚州的延安中學。文革前這是一所民辦中學（文革前叫揚州市民辦第三中學），也是一所在今人眼中再簡陋不過的學校。校舍原先是座大廟，連個像樣的操場都沒有。上下課時間，由一個年老的校工，用榔頭敲擊掛在樹上的半截鐵鐘，那渾厚的回聲，還偶爾縈回在我的耳畔。

後來工宣隊來了，校名又被改成揚州市印刷廠延安中學，聽上去好像從民辦中學變成了廠辦學校。班級的稱謂也改了，套用軍隊的叫法，我所在的這個班的正式名稱是：六六屆一連一排一班。

本著對歷史對教育對個人負責任的態度，我非常認真地作了回憶，初中所學主課內容大致如下：

語文：從第一課開始，整整大半年，學習林彪在中共「九大」上的政治報告。後來聽說，起草這個報告還鬧了一場風波。張春橋、姚文元們和林彪、陳伯達們各起草一個政治報告稿，前者因突出「無產階級專政下繼續革命理論」被毛澤東肯定，後者因「認為九大以後的主要任務是發展生產」而落選。我一直感到奇怪的是，這個落選報告始終作為林彪、陳伯達的重要罪行不停地被批，但卻從來沒有公佈過內容。連《五七一工程紀要》那樣破口大罵的文字都能下發全黨，對這份報告為什麼諱莫如深呢？

數學：這個課程在小學五年都叫算術，一下子叫數學，感覺上升級換代了。但開學後還是重溫小學的課程，加減乘除加算盤。新課開始學的是一元一次方程，這不是我的所愛。這輩子除了打麻將時算帳還差強人意外，我對數字的計算和變化常有莫名的恐懼，生怕這裡或者那裡不確，都是當年基礎太差惹的禍。

物理：準確講學的是電工入門知識，直流與交流、正極與負極、並連與串聯，很實用。後來又學了點槓杆原理，明白了在力的作用下能繞著固定點轉動的物體就是槓杆，蹺蹺板、剪刀、扳子、撬棒等都是槓杆。還記下了古希臘科學家阿基米德的那句詩樣的名言：「給我一個支點，我就能撬動地球。」

英語：我的小學是揚州最早開設英語教學的，四、五年級每週都有二節英語課。與那些只會說揚州話的師兄師妹們為伍，我的優勢理所當然地凸顯出來，被老師指定為課代表，工作許可權是收作業本。

遺憾的是，小學裡熟讀的單詞大多沒派上作用，中學教的都是新課，至今還能記得的句式是：Long live Chairman Mao（毛主席萬歲！）Long live long live long live Chairman Mao（毛主席萬歲萬歲萬萬歲！）We love Chairman Mao（我們熱愛毛主席！）平時最常用的帶有濃郁揚州腔的短句：三克油，餵你媽吃（Thank you very much）！

除了學文化，我們還要學軍學工學農。

學軍就是枯燥的隊列練習，部隊派了些班長來（戰士也稱班長），沒完沒了地練幾個簡單的動作，立正、稍息加前後左右轉。什麼實彈射擊，野營拉練，想都不用想，連真槍實彈都沒見著。後來，班長們從部隊拿了幾枚教練手榴彈來，總算沾了點「兵味」，成為軍訓中的最大亮點。同學們爭先恐後，輪番上陣，扔的遠的，贏得一陣驚呼；扔的近的，收穫笑聲一片。

學工就簡單了，學校的工宣隊員都是揚州印刷廠的師傅，廠裡的活忙不過來了，就把我們拉過去，到成品車間疊紙盒（一群免費的打工仔）。為了迎接什麼領導視察，我們被派到廠裡打掃衛生，髒亂差的車間經過同學們的辛勤勞動，依然還是髒亂差。所不同的是排字車間的鉛字少了些許，同學們大多找到了自己姓名的那幾個字，用橡皮筋捆紮好，蘸上油墨就能印出上書上報的感覺，真好玩！

學農是個受歡迎的郊遊專案，到了農忙時節，去幫農民伯伯幹點不算很重的農活，順便拔幾顆蘿蔔、山芋解解饞。運氣好的時候，還能捉幾條魚、摸點螺絲回家。

如果說，當時的學習是玩，那當時的玩就成了另類的學習。我的自學熱點隨著季節的變化而變化，勤奮、刻苦並愉悅著。

春天來了，我向鄰居沈家二哥學釣魚，雞未叫、就起床，直奔郊外野魚塘。那時候還沒有鄉鎮企業，洗衣粉和各類洗滌劑也沒有進入水系，鄉下有水的溝塘就有魚蝦（真正的人類宜居城市），每次垂釣總有斬獲，讓我樂此不疲。

我父親兒時在長江邊長大，捕魚捉蝦的童子功很扎實。從牛棚獲釋後他曾賦閒在家，向我言傳身教了若干技藝。比如用舊蚊帳布、竹條做成十來個方型蝦網，網中扣上家傳密製的香餌。第一次在農學院與市區之間（現在應是某某社區了）的一條小河裡「圍場」，剛剛把蝦網沿著河溝一排邊布下，回過頭來就開始收穫驚喜了。出水的都是活蹦亂跳的大蝦（正宗野生河蝦），生吃覺得甜甜的，一點腥味都沒有。

夏天來了，最熱門的是游泳。毛澤東在長江裡游泳的照片和「到江河湖海去游泳，到大風大浪中去鍛鍊」的號召，使游泳成為最普及的全民運動。

揚州瘦西湖畔有兩個露天游泳池（一方一圓，成人與兒童），幾乎天天人滿為患。練習期在這玩耍過一陣，後來時見水面漂浮「米田共」（由上至下，相加起來讀），大倒胃口，不去了。第二戰場是躍進橋下的古運河，幾個橋墩距離很近，游來遊去的沒什麼風險，也沒有多少樂趣。後來長本事了，騎自行車到距離揚州市區約三公里的大運河裡施展身手。

那時，揚州大橋下面的河岸都是沙灘，還建有免費的男女更衣室，是我心目中的黃金河岸。每日裡，少男少女們的嬉鬧聲、大橋拱頂表演高空跳水引發的尖叫聲，船舶拖著長長的木排經過時的汽笛聲，演奏著一部又一部青春如歌的交響。

近幾年來，常見某某市的市民誠邀環保局長下河游泳、某某市的市長發誓要在幾年內實現可在某江游泳的資訊屢見報端網路，江河湖海的治汙成了新聞，成了挑戰，成了奮鬥目標。回頭想想，我們的童年還是有幸福指數的，比如在游泳上可以很奢侈地享用前人留下的天然浴場。現在的揚州大橋兩岸，早就成了為GDP服務的碼頭和船塢；運河水再也不是詩人眼中銀色的浪花、畫家筆下綠色的綢緞，而像一個蓬頭垢面的老漢，背負著重重的汙流濁水向長江蹣跚前行。

寫到這裡，深深一聲嘆息，為我的家鄉，為我兒時的大河。當政者為官一任，造福一方，終有期限，終有局限。手上有權時，與其蓋上一堆模樣長的差不多的高樓大廈，還不如留下幾條乾乾淨淨的河，一片青青白白的天。今後的孩子肯定比我們這代人更珍惜生活，更珍惜環境，更珍惜生命，他們會感恩的。

秋天來了，我們開始玩文娛。口琴笛子嗩吶簫，二胡三弦手風琴，都學過一陣子，算個多面手。那時沒有考級，純屬自娛自樂，所學樂器能演奏的完整曲目，好像只限於《東方紅》、《在北京的金山上》等等當年絕對流行的革命歌曲。

我家住在揚州圖書館的永勝街宿舍，與該館的古籍部同屬一個院落。破四舊時收來的一些所謂壞書，被零亂地堆在第一進（排）的庫房裡。我發現這個祕密後，夥同弟弟王寬和徐杰、張大千等同學多次翻牆潛入淘寶（孔乙己老先生說過，竊書不能算偷）。

當年閱讀的層次不高，目光專注在小人書（連環畫），《三國》、《水滸》、《西遊記》什麼的，每人都湊齊了一套。後來興趣轉移了，鍾情起武俠小說，囫圇吞棗地看了十幾部。最喜歡的還珠樓主的《蜀山劍俠傳》和《雲海爭奇記》，大多是在手電筒的光芒照耀下，躲在被窩裡讀的。半文半白的文字，讓持有小學畢業文憑的我大致能讀個明白，神魂顛倒，欲罷不能。

冬天來了，跟著鄰家哥哥們煉肌肉。我們住的這個院落原先叫魏園，是個鹽商的私宅，花園比較大，還遺留了些大樹、花草、假山。場地的優勢讓我的選項很多，石擔子（土製槓鈴）、石鎖、吊環、雙槓全玩過，沒有一項玩出成就感。小男孩經常比胸肌、比臂肌，我努力了，但尚未發育的身上沒長出幾塊瓜肉，挺沒面子的。

被武俠小說反覆洗腦的我，有段時間迷上了武功，崇尚洪拳和長拳，每天放棄睡懶覺的超級享受，樹上的雀兒沒叫就起床，到花園裡壓腿、蹲馬步。我還纏著外婆縫了沙袋，成日綁著腿上，幻想著有朝一日能成為飛簷走壁的大俠。

我當過「海陸空三軍總司令」，天上飛的鴿子、地上走的貓狗、水裡游的金魚，組成我親手締造和直接指揮的軍隊。金魚養了一水缸，什麼鶴頂紅、朝天龍、絨球蛋、水泡眼、珠珍、虎頭、龍睛、蝶尾什麼的，只要人家有的品種，咱的水缸裡遲早會有。鴿子養了一小群（財力有限），雖說都是屬於菜鴿級別的，飛起來一樣的飄逸，鴿哨一樣的悅耳。有時它們還能裹挾只把別人家的鴿子歸巢，送給我巨大的驚喜。

當兵前，我把這個隊伍遣散了。聽家人說，賣掉鴿子有的後來又飛了回來。它是來尋找舊日的小窩，還是想看望當年的主人，想到這層我心裡有點酸酸的。

二

正像太陽每天升起，每天還要落下。革命要搞，老百姓的日子也要過。

我家附近的串殿巷，有個市人民醫院的第二門診部，人稱「二門」。造反最紅火時，「二門」的注射室門口也非常火。不少人排隊拎著大小公雞，等待護士抽出雞血注射到自己身上。據說，「打雞血」（雞血療法）這個偏方，是國民黨某中將軍醫被判了死刑後，獻出來企圖換取活路的（後來知道此說不確）。不僅能強身健體，延年益壽，而且是百病剋星，有啥病治啥病。

鄰家陳老太，是一位抗戰時期投奔革命的名門淑媛（曾送我一支製作很講究的紫竹簫）。她專門養了兩隻白羽大公雞，隔三差五地去「二門」打雞血，風雨無阻。我當兵不久聽說老人家仙逝了，是雞血打多了還是打少了，還是與打雞血毫不相干，不好說。有意思的是，「打雞血」現在成了網路用語，詞的意境雖然大大拓寬了，但與當年流行時的社會氛圍很吻合。

當時是計畫經濟，買東西光有錢不行，還要票券。除了糧票、布票兩大支柱票券外，還有油票、糖票、鹽票、酒票、煙票、火柴票、肉票、蛋票、豆腐票、奶票、肥皂票，還有工業券、華僑券……。隨糧油計畫還發放過一種連號小票，票面只有數字，沒有限定詞，專門用於臨時性、季節性或無法固定時間與數量的物品供應。比如主管單位組織到一批帶魚投放市場，就會貼出告示，憑某某號小票購買，每票限購多少等等。一句話，除了走路拉屎，什麼都要票。現在這兩項也要票了，要鈔票。

糧票是僅次於鈔票的硬通貨，不同的是糧票是由各地自辦發行，只限在各自管轄的地盤上使用，省市之間互不認帳。這樣的做法既限制了人員的無序流動，又保證了本地糧食的基本供應。

糧票的原生態是無價證券，但屬於無價勝有價的級別。在糧店不僅要憑糧本，沒糧票還是買不到米和麵；到飯館沒糧票，再有錢也不賣給你米飯、麵食。去外地，必先用本地糧票兌換成所去省市的糧票或者全國糧票（全國糧票不僅全國通用，而且還含有食油），否則你一天也混不下去。

曾聽聶鳳智將軍的女兒聶梅梅（時為南京軍區總醫院軍醫，已故）說過一件趣事，南京軍區總醫院根據上級指示組成醫療隊赴非洲學雷鋒。在北京集訓出發前，有位軍醫拿出若干全國糧票，友情提醒她去瞭解一下，何時何地兌換世界糧票。這件事被當作笑話流傳甚廣，那位軍醫也得了個「世界糧票」的綽號。

糧票在人們生活中的作用和地位，由此可見一斑。

漸漸的，糧票從無價變成了有價、議價。上世紀七〇年代末，我們部隊駐防安徽六安。一段時間，當地農民挑著雞蛋、大米到營區來交換全國糧票，開價極其便宜。以往斤斤計較的農民變得如此慷慨，讓大家很奇怪。後來才知道，六安地區的農村由於貧窮，單身漢很多，湊齊一百斤全國糧票到四川農村，就能「脫光」，領回一個老婆。

布票類似於糧票，也是各地發放只限當地流通的購買布匹憑證，與其配套的還有棉花票、絮棉票、毛巾票、蚊帳票、襪子票、口罩票等等。揚州堅持了多年的標準是，城市居民每年每人發放八尺（二米多點）布票，大人小孩平均下來，可以做一套新衣服。隨著化纖工業的異軍突起，「的確良」成了人人喜愛的替代布料，布票的作用才慢慢淡化直至消亡。

我家人多，全是吃貨，但不能敞開肚皮吃飽飯，因為糧油有定量。揚州糧食標準，每月成年人二十五斤（扣三斤節約糧，實際只能買到二十二斤），孩子十歲前八斤，十五歲前十二斤，每人三兩油。

面對這樣的標準化供應，揚州人大多學會了從技術層面上著手改善。買米絕不買粳米，秈米便宜，而且出飯率高。買油以菜籽油為主打產品，還吃過較長時間棉籽油（現在知道會導致男性不育），炒菜時烏煙瘴氣，有股難聞的煙嗆味。

吃肉，是超級享受。買肉挑肥的買，肥膘能煉點油，油渣可以熬豆腐、燒青菜。我兒時就洞察了一個舌尖上的秘訣，麵條裡擱點豬油比放什麼都香。平日裡菜裡有點肉絲、肉末即為開葷，成為筷子定向搜尋和精準打擊的目標。

我父親關在牛棚時，他的工資和家中存款曾被凍結。恰逢年關，我母親不得不賣掉了家中祖傳的一張紅木八仙桌（此桌現陳列在揚州瘦西湖公園某花廳），得款人民幣一百元。慈母胸懷讓她做出了一個石破天驚的決定，買兩斤肉，讓孩子們過把癮！

兩斤肉，請小刀手分割成四塊，每塊半斤，燒熟後四個孩子每人一塊。我和弟弟都已十歲出頭，能吃掉半斤肉毫不奇怪，奇怪的是我的兩個妹妹，尚在垂髫之年，居然也把定額全部完成，吃得乾乾淨淨，一星肉渣都不剩。對現在的同齡孩子來說，這是一個太過誇張的童話。

揚州的各級革委會成立後，農忙時常向農村派遣工作組，後來又組織「學大寨」工作隊。我父親總是積極報名，踴躍下鄉。因為在農村好歹能混個肚兒圓（飯能吃飽），有時還能買到點價格偏低的（沒有物流費用和稅收）米油和農副產品，給我們帶回若干次的驚喜。

我的父母這輩人，應該是新中國建立後在生活上最辛苦的一代。我母親解放初期就參加了工作，全國第二次工資改革時（一九五六年），評定為行政二十三級，工資四十五元半。這份工資像鐵打的一樣，一直保持到全國第三次工資改革（一九八五年），近三十年沒有調過一次。我父親文革前出版了十來本詩集、唱詞集，還在省內外報刊發表了很多作品，稿費數額雖然不大，但屬「活錢」，貼補家用綽有餘裕。現在寫了東西也發不出來了，發出來也沒稿費了（文革期間稿費被取消）。

雖說生活狀態是低工資、低物價、低消費，但父母每月百十來元的工資，不僅要餵養我們兄妹四人，還要貼補四位老人（祖父母、外祖父母）的家用。我的小舅是位殘疾人（後天聾啞），自小就在我家生活，他的生活費、學費也長期在我父母的工資中列支。全家的生存僅靠死工資維繫，有點捉襟見肘了。

作為家中孩子的老大，我意識到分擔家庭責任的那一天即將來到了。母親的提議很務實，拜圖書館的劉師傅為師學木工，技不壓身，荒年餓不死手藝人嘛。父親也表示贊同，相對於下田勞作，木匠是輕體力活。再說，木匠的社會地位不低，明朝還有個「木匠皇帝」熹宗朱由校，不愛治國偏偏喜歡木匠活。

我那童年的腦袋裡，曾經充滿過繽紛的泡沫，有的像加加林那樣成為太空人，有的像魯迅那樣成為大作家，有的像錢學森那樣成為科學家，混的再差也要弄個工程師、技術員當當，唯獨沒有想到當木匠。到如今，泡沫還是那個泡沫，生活還是那個生活，打個家具蓋個房，有人招待飯菜，有錢不時進賬，已經是很不錯的就業選項。

一段時間，我的課餘時間大多泡在圖書館的木工房裡，跟在劉師傅後面學手藝。從選料到拉線，鋸直線、刨平板、鑿榫頭，還真的下了些功夫。如果不是後來當兵去了，我或許會成長為一個像某某中央領導那樣的小木匠，即便沒有機會從政，當個包工頭（現在叫項目經理）或者某某裝潢公司的老總，還是極有可能的。

三

一九六八年十二月，毛澤東下達了一個涉及到所有城市家庭的最高指示：「知識青年到農村去，接受貧下中農的再教育，很有必要。要說服城裡幹部和其他人，把自己初中、高中和大學畢業的子女送下去，來一個動員。各地農村的同志應當歡迎他們去。」一是「很有必要」，二是「應當歡迎」，言簡意賅，毋庸置疑。政令一出中南海，貫徹落實就是天經地義的事了。

學校裡「老三屆」（一九六六、一九六七、一九六八年的三屆中學生）的師哥師姐們，幾乎一夜之間全部在校園裡消失。他們是揚州第一批成建制的城市移民，被敲鑼打鼓戴紅花送到了廣闊天地。我親戚家的孩子們，凡是達標的（老三屆）不是去了農村，就是去了農場（生產建設兵團），概莫能外。

當年的芸芸眾生，對這場運動絕無對立或抱怨，大勢所趨也。監護人們想的多點、複雜點，當事人們呈現出的大多是熱情和純真。有的以為暴風驟雨般的運動已漸平息，紅衛兵成了被邊緣化的群體，到農村或許還真的能夠大有作為；有的以為升學就業看不見一線曙光，與其留在城裡遊手好閒，混吃等死，還不如去農村上班，好歹國家還給點補助；多數人則是隨大流，人人去得，為何我去不得？再說，當時也沒有擇業這一說，叫我去我就去不去也得去。

也有主動出擊的。我的一個親戚在家是老大，並未達標卻主動報了名，還瞞著家人義無反顧地註銷了城市戶口。在贏得一片局外人喝彩的同時，也遭到了家中長輩們的一頓臭罵。她的準婆婆聞訊後立即做出反應，寶貝兒子放棄與這位老大的「娃娃親」，一號下、二號上，改由尚未下鄉的妹妹遞補，不影響父輩們在戰爭年代結下的革命友情和通家之好。

這位姐姐下鄉後吃苦耐勞，表現非常出色，還光榮地入了黨。有次回家探親，她豪邁地赤腳去訪親探友。她母親覺得不成體統，姑娘家赤腳大扒天的像什麼話，拎著鞋子在後面追：「穿鞋子！」風中飄來若干字，「不穿，在鄉下從來不穿鞋！」

為了返城，她的父母與一戶「上面有人」的人家達成婚約，把女兒嫁入其家，前提是對方找人（開後門的代稱）把她從農村調回城裡。沒想到，男方這邊的後門還沒敲，她在鄉下卻因表現出眾，拿到了提前返城的「綠卡」。

回到揚州後，她被安排到一家軍事科研單位的保衛部門工作。舒適的單位、偏高的俸祿、黨員的牌牌、革命的家庭，再加上如花的容貌，讓多少才子靚男競相折腰，上門提親的人不斷。但是，為了遵守父母的承諾，她還是匆匆把自己嫁了。沒多久，就發現老公並不在乎這個撿來的皮夾子，不僅在家裡有暴力傾向，居然還膽敢在外面劈腿。這是有道德潔癖的她最見不得的齷齪，忍無可忍，無需再忍，帶著年幼的女兒憤然離婚，至今仍孤身一人。

現在，偶爾提起這出現實生活版的「姐妹易嫁」，她的妹夫（本該是丈夫的）就會搖頭：「當年如果不下鄉，她的一生絕不可能這樣！」

「老三屆」下去了，該輪到我們「新三屆」（一九六九、一九七〇、一九七一年的三屆中學生）粉墨登場。對於廣闊天地，我們全然沒有了大哥哥大姐姐們當年的激情，心中更多的是即將被流放的畏懼。

我的一位表哥響應號召，成為千萬知青中的一員。我去過他們插隊的知青點，表哥與插友們的精神狀態和生存狀態，與作家楊絳阿姨在《幹校六記》中的一段記敘大同小異：「上山下鄉後的紅衛兵，我在幹校時見到兩個。他們住一間破屋，每日揀些柴草，煮些白薯南瓜之類當飯吃，沒有工作，也沒人管，也沒有一本書，不知長年累月是怎麼過的。我做『過街老鼠』的日子，他們如餓狼一般，多可怕啊。曾幾何時，他們不僅脫去了狼皮，連身上的羊毛也在嚴冬季節給剃光了。」

當時，有一首很著名的《南京知青之歌》（又名《我的家鄉》），我們部隊的南京兵大多會唱。據說，這首歌是下放到新疆生產建設兵團的北京知青創作的，傳到各地後還衍生出許多不同的地方版本。最著名的那個版本，是一位名叫任毅的南京知青修改的。

蔚藍的天上，

白雲在飛翔。
美麗的揚子江畔，
是我可愛的南京古城我的家鄉。
啊！長虹般的大橋直插雲霄橫跨長江。
威武的鍾山虎踞在我的家鄉。

告別了媽媽，
再見了家鄉。
金色的學生時代，
已載入了青春的史冊一去不復返。
啊！未來的道路多麼艱難多麼漫長，
生活的腳步深淺在偏僻的異鄉。

跟著太陽起，
伴著那月亮歸。
沉重的修地球是光榮而神聖的天職，
我的命運。
啊！用我們的雙手繡紅地球赤遍宇宙
憧憬的明天相信一定會到來。

這首稍稍流露了點無奈和憂傷的歌曲，被張春橋點名是破壞知識青年上山下鄉，批示：「迅速查清此人，予以逮捕。」一九七〇年五月，南京執法部門以反革命罪判處任毅死刑，立即執行。

我所知道的是，報告送到南京軍區司令員兼江蘇省革委會主任許世友那裡待批，老將軍看後說，一個學生娃子，十八九歲，又沒有什麼前科，怎麼能說殺就殺！大筆一揮，刀下留人：「該人年輕，個人歷史簡單、清白，沒有死罪。」任知青被改判十年徒刑，文革後平反釋放。

後來，我弟弟王寬這一屆中學生破例分配工作，他很意外也很開心地進了揚州發電廠。大妹妹王宴這一屆中學生，卻很意外也很傷心地重啟了上山下鄉之路。父親托了很多關係，讓她就近在揚州西鄉的蔣王廟（文革時改為紅旗公社）插隊。

近有近的好處，看的見、摸的著，回家也就半個小時的自行車車程，父母相對放心。但是這個「近」字所帶來的困擾，卻是始料不及的。

我妹妹所在的這個生產隊，有進城賣菜的傳統。出於禮貌（也有找個地方歇個腳、打個尖的需求），他們賣完菜後，常常不請自到，到王宴知青的家裡看看。再教育女兒的鄉親們來了，當然要熱情接待，不僅在表情上語言上，行動上也要有所體現。開始還弄幾個小菜，喝點小酒。後來發現招架不住了，或三五天一撥，或一天幾撥，我家成了接待辦公室。

農民們其實是很自愛的，一年也就騷擾你家兩三次，有時還帶點沒賣完的蔬菜去，不掉價，不過分，也沒沾多少便宜。而生產隊百十戶人家全都這樣想、這樣做，我家就成了永不歇業的茶館、飯店。沒有辦法的辦法是降低接待標準，從飯菜走向蛋炒飯走向醬油面，最終固定在泡一杯茶（茶葉末），買點燒餅、油條的終端上。

有位國務院副總理曾說過，城鎮知青上山下鄉的有一千多萬人，而國家又從農村招工進城一千多萬人，先後花了六十多億元，買了「四不滿意」：知青不滿意，家長不滿意，農民不滿意，國家不滿意。總結的很精闢！

據說，這位老前輩還有一段名言：「說上山下鄉是接受貧下中農再教育，難道到工廠就不接受再教育？城鎮知青下鄉，鄉下農民進城，這叫公公背媳婦過河，費力不討好。」

四

一九六九年冬季，徵兵的標語又貼滿了大街小巷。據可靠情報，來揚州接兵的部隊有兩撥，面向社會招兵的是蘭州軍區某部，「內部招兵」的是北京軍區某部。而且，今年招兵放寬了年齡限制，在校的初中生也可參軍，我很榮幸地成為挑選的備胎。

當兵去，這是一個無奈而又最佳的選擇。

當時，軍人是最令人羡慕的職業，紅領章紅帽徽是最神氣的服裝。而且，一人當兵，全家光榮，家門口會貼上一張「光榮軍屬」的紅告示。從城市入伍的戰士復員後，由國家統一安排工作，那就與上山下鄉不發生任何關係了。報效祖國也好，曲線就業也罷，都是可以擺在桌面上的。

我父母與參加徵兵宣傳工作的呂寶銀（復轉軍人，已故）反覆論證後，認為走「內部招兵」這條路的，是軍隊和地方幹部子弟的福利，是要比後臺、比關係、比官位大小的。咱家的「徽號」在這個人群中很不顯赫，贏面不大。還不如從學校報名，雖然部隊遠了點，生活苦了點，但成功的概率要高出許多。

事情的發展真有點造化作弄，本該去蘭州軍區的我們這批兵，被省徵兵辦公室調整，劃給了駐紮在鎮江和南京的南京軍區某測繪部隊。而去河北承德某軍的弟兄們，當兵三年，第一年挖坑道，第二年蓋營房，第三年種水稻，腸子都悔青了。

發小徐杰的父親徐志亮在江蘇省軍區司令部動員處工作，是專管徵兵的，不用任何理由走了「內部招兵」這條錯誤路線。有次探親，他專程到南京湯山來看我。置身花園似的營房，洗著五分錢一次的正宗溫泉澡，想像著原本也可以擁有這一切時，他憤憤不平了：「我父親一生正統，難得為我當兵搞了次以權謀私，偏偏還是開了個黑後門，黑到家了！」

體檢那天氣溫很低，我卻緊張的一頭汗，量了兩次血壓都偏高。慈眉善目的女醫生絕對是位活著的白求恩，沒有輕易寫結果，讓我到外面吹吹冷風再來量，哈哈，正常了。測視力的過程很愉悅，視力表最下排的E字，我在醫生所指的同時即可報出方向。那醫生讓後退幾步再測，我依然看得一清二楚。醫生笑道：「這孩子的視力應有二・〇。」人們常說，小時候眼睛的視力越好，成年後老花眼來的越早，很正確，我不到五十歲就不得不用上了老花鏡。

最後一個環節，是脫得光光的在眾目睽睽下走圈圈，向前走、倒著走、蹲著走，冷得牙齒直打顫。沒有痔瘡、沒有疝氣、更不是羅圈腿的我，展示的是一具隨時準備著為祖國獻身的合格裸體，體檢順利過關。

忐忑不安的是政審。

聽說當兵要查「九父九母」（祖父母、外祖父母、伯父母、叔父母、姑父母、舅父母、姨父母，加上親生父母；如係收養，還有養父、養母）。我父親雖然已被「解放」，但還沒有重新安排工作崗位，本著就紅不就黑的原則，我很不自信地在出身一欄上填了「革幹」，（當時規定一九四五年以前參軍入黨的才能算作革命幹部，有點弄虛作假），內心真遺憾自家不是工人或貧農。

父系親戚有好幾個中共黨員，堂兄嚴儉和在總參謀部直屬的某測繪部隊當兵，又被推薦到清華大學攻讀電子電腦專業，想無大礙。但如果往上追溯，卻有一個保密再加密的家族「心病」。

我的祖父王志韓，是一位傳統意義上的讀書人，終生只用毛筆寫字，有一手酷似宋徽宗趙佶的瘦金體小楷。他從青年時就自律慎獨，與世無爭，一生閱書無計，正史野史、小說傳奇，無所不涉，並有《瘦紅軒詩稿》五卷、《瘦紅軒詞稿》二卷、《瘦紅軒雜著》、《菊韻齋詩稿》、《金陵紀事雜詠》等著作傳世。

他還是最早系統研究揚州地方史的專家，上世紀五〇年代，修撰了揚州史上的第一部《江都沿革一覽》；上世紀六〇年代初，在揚州文化處、文聯編印的《揚州史料》上，刊發了多篇學術文章，至今仍有一些專家學者在分享他的研究成果。

祖父晚年曾多次向我和弟弟痛說家史，告知我們家本不姓王，而是姓年，清王朝時屬鑲黃旗，祖上出過部長（工部侍郎）、省長（巡撫），出過第二夫人（皇貴妃），年羹堯是家族中最重量級的代表人物。

年羹堯，清朝康熙、雍正年間，他運籌帷幄，馳騁疆場，曾配合各部平定西藏亂事，率軍平息青海羅卜藏丹津，立下赫赫戰功。官至四川總督、川陝總督、撫遠大將軍，還被加封太保、一等公。他的妹妹嫁給雍正，封為貴妃、皇貴妃（就是被電視劇《甄嬛傳》糟蹋的不像人樣的年妃，史上的雍正卻贊其「秉性柔嘉，持躬淑慎」），地位僅次於皇后烏拉那拉氏。

年羹堯集皇親國戚、高官顯爵於一身，可謂位極人臣。應了「伴君如伴虎」那句經典語言，雍正三年（一七二五年）十二月，他被削官奪爵，列大罪九十二條，於翌年賜自盡。

祖父說，他的祖輩告訴他，老祖宗歸天前曾有遺訓，今後，年家後代取其姓名三字筆劃中（繁體字）皆有的「王」字為姓，永做平頭百姓，永遠不得出頭（年字出了個斜頭）！祖父還說，並非像傳說那樣年家慘遭滅門之災，有一位懷有身孕的老祖母奶奶就倖免於難。事發前她準備回京坐月子（生孩子），從杭州乘船沿古運河經過鎮江時，聽說了夫君被下旨問罪的噩耗。她果斷中斷行程，先是隱身在揚中（位於江蘇鎮江和揚州之間）少無人跡的江心洲上，後來又遷居到對岸江都嘶馬的鄉間（今屬揚州）。

若干年後，王（年）家在嘶馬衍生為大族。我祖父的曾祖父，還花銀子捐了個小官，放任廣東某地鹽運使（準七品，大概相當於現在的大市鹽務局長）。從政五年後掛印辭官，拖回了整整五船物品（為官不算清廉）。回鄉後，為六個兒子各買了一百畝田地，各蓋了一座前後六進（排）的大宅。如果此時劃成分，是標準的官僚地主家庭。

令人惋惜但又十分幸運的是，六房兒女依仗著「官二代」「富二代」的身分，什麼都學不會，只學會了抽大煙（鴉片）。就像現在宣傳的那樣，一次吸毒，終身有癮。無論是捆在板凳上強行戒毒，還是棍棒相加來打散毒癮，效果大多不理想。

有一房的祖先（四太爺），是位做思想政治工作的高手。他把兒子喚到堂屋，不打不罵不高言，心平氣和地告之有白黑兩妹任其選擇。白妹乃是一位大家閨秀，你婚後可保衣食無虞；黑妹即是大煙，你要喜愛盡可去抽，但家中財物除了養老保險已所剩無幾，你的個人愛好理應由你自籌資金，自收自支。那位兒子（也是我的祖輩）在強大的親情和經濟壓力下，幡然醒悟，浪子回頭，最終選擇了白妹。

富不過三代。家業傳到我的曾祖父這一輩，已徹底衰敗了，所剩無幾的土地非賣即典，生存都成了問題。共產黨來了鬧土改，按人口平分土地，曾祖父母還分進了一畝多地，卻被評了個「破落地主」的成分（此成分在上世紀五〇年代初發有選民證，是享有選舉權的良民）。

如果嚴格按照土改政策，我曾祖父當時一貧如洗的家境，或許還可以評上個「貧農」。但是，他雖然沒有田產，還有房產，家中尚有三間老屋出租給鄉鄰。偏偏這位外姓房客是個土改的積極分子，後來又當上了村幹部。只要弄頂「破落地主」的帽子給我曾祖父戴戴，這三間房就有可能劃到了此人的名下。

我父親當時在江都縣政府文教科工作，把這個不公正的做法向縣委領導作了彙報，要求覆議。這位領導聽後思索良久，嘆了口氣，開導說：「這件事你就不用管了，免得惹事生非（有反攻倒算的政治風險）。」

當年，每個人的「家庭成分」、「個人出身」，在個人履歷表裡雖只佔據普通一格，但對人生命運的意義卻舉足輕重，如影隨行。出身在革命家庭中的，無疑是高人一等的精神貴族；出身在非革命家庭的，則是生來就背負原罪的另類，備受歧視。

我祖父早年時在家鄉教些蒙童，因家庭負擔重，上有老、下有小，不得不去上海打工，後來評定的成分是「職員」。這個「職員」身分，讓我們後代受益無窮。當兵、入黨、提幹、做首長秘書均要政審，查到祖父是三代清白，很過癮。

在這點上，我相信冥冥之中真有因果報應。假如，我的歷代祖先都把主要精力放在發展經濟上，放在把家業的GDP做大做強上，保不準會創造出類似「收租院」那樣的業績來。那麼，我們這些後人不要說當兵，能否在歷次政治運動中蒙混過關都不堪設想。

母系親戚中政曆上有瑕疵的不少，令人擔憂。我的外祖父趙楚才早年在江都仙女廟鎮上開個小店，倒賣點桐油、麻絲什麼的（就是現在的小個體戶），成分劃為小商小販，政審還說的過去。要命的是，江都淪陷時期，他被哥們弟兄拉去參加過一個道會門（還沒到一貫道那樣的級別）組織的一些活動。諸如有人暴死街頭，無人認領，幫助處理點後事；街坊孤兒寡老逢災遇難時，接濟點衣物食品；難民過境時協助維持秩序，給點力所能及的幫助等等，大多是公益性、慈善性的社會活動，多少還有點學雷鋒或者青年志願者的意思。後來，他老人家被內定為反動會道門的基層骨幹，還被管制過兩年。

不知什麼原因，我的政審居然通過了。而且在後來的多次政審中，都是一路綠燈。想來是父母遺傳給我的忠厚面相，讓人產生不了蛻變為壞人的聯想，也失去了深挖細查的動力。

我的小妹王宇參軍，就沒這麼幸運了。那年，總參情報部下屬的某部在揚州招收特種兵，她那自小多愁多病的身體居然體檢全部合格，面試也通過了。正當她在學校享受一片羡慕妒忌恨的目光時，被告知政審在外公那裡撞了紅燈。小妹哭得柔腸寸斷也無濟於事，痛失了一次人生發展的機遇。

關於政審，我兒時就有一個不敢尋求答案的疑惑。拿高層說事，以黨的「九大」產生的五大常委為例：毛澤東的成分說法不一，有說是湖南湘潭一個農民家庭，有說是中農，但僅從有房有地，能供他從韶山到縣城上小學、到省城長沙讀師範來看，家裡一定不差錢。林彪生長在湖北黃岡林家大灣，從地名看就是個不摻水的大戶人家。周恩來的祖父、外公均是前清知縣，在江蘇淮安尚存豪宅一處，成分也低不下來。陳伯達出身福建惠安的「四代書香」門第，家庭成員中有人被鎮壓，有人在臺灣或海外。康生是山東青島的名門望族，被當地人稱為富裕的地主。如果真的唯成分，他們的政審這關一個也通不過；如果像當年所說，既唯成分論又不唯成分論，那對普通老百姓咋就這麼嚴格甚至嚴厲呢？

一九六九年十二月八日，我們學校宣傳隊的俊男靚女們，敲鑼打鼓放鞭炮地到我家報喜，送來了揚州市人民武裝部頒發的入伍通知書。我母親樂呵呵地吩咐弟妹打賞，發喜糖。古時候秀才中舉的場景，恐怕大抵也就是這樣。

離開揚州前，我們被拖到淮海浴室集體沐浴，從裡到外、從頭到腳都換上了嶄新而又肥大的軍裝（母親囑咐，軍裝領大點，正在長身體）。接下來的程序是列隊在主要街道上遊行示眾，這是我第一次也應該是最後一次，在各色人等的夾道迎送下，行走在家鄉的土地上。

這一走，意味著我投身革命，開始了在軍隊二十四年的「戎馬生涯」。

是年，我十五歲。

肆 紅色帽徽紅領章

「紅色帽徽紅領章，紅色戰士紅思想」。這兩句白話詩（當年可入詩，現為大白話），發表在我的第一張軍裝照的背面。時間：一九七〇年二月二十二日（星期天）。

一

在新兵連待了一個月，我被分配到駐南京江浦花旗營的南京軍區某測繪部隊的三隊十三中隊三分隊八組。

這個部隊的編制和稱謂有點另類，明明是個團級單位卻稱為大隊（常給人以生產大隊、少先大隊的聯想），營稱隊，連稱中隊，排稱分隊，班稱組。再就是三多，一是女兵多，我們三隊的男女兵混編，女兵女幹部占兵員總數約四分之一強（讓我當兵伊始，就明白了男女搭配，當兵不累的真理）；二是幹部多，戲稱「四級排長」，分隊長、組長、副組長都是排級幹部，組員中也有不少「四口袋」的測繪員（軍裝兩上口袋為士兵，上下各兩口袋是幹部）；三是軍事院校的學生兵多，本組有幹部五人，三個是測繪院校畢業的；在基層部隊中，這些現象很罕見。

還有人說，我們這個單位是「四不像」：像工廠（生產軍用地圖），又不是工廠（列入我軍序列的正規部隊）；像機關（編制上官多兵少），又不是機關（基層官兵一視同仁）；像連隊（管理上不亞於野戰部隊），又不是連隊（沒有摸爬滾打這一說）；像院校（高學歷多、現在又添加了高級職稱多），又不是院校（各級主官當家，與學歷、職稱沒有直接關係）。

下連隊以後，正是「三忠於」（忠於毛主席，忠於毛澤東思想，忠於毛主席的革命路線）、「四無限」（對毛主席無限熱愛、無限信仰、無限崇拜、無限忠誠）運動的高潮。首先學習的是早請示、晚彙報和天天讀三門功課。

早請示（向偉大領袖毛主席請示）的儀式比較莊重，基本程序是大家起床洗漱後，以組為單位，立正站在毛澤東像前，右手握紅寶書（《毛主席語錄》）貼胸，由組長領讀領唱。我的組長蘇乾忠是個學生官，廣西人，說普通話很費力。在他的提議下，每天必做的儀式由全組的幹部、戰士輪流做主持人，新兵也不例外，讓大家都有鍛鍊的機會。

臺詞是相對固定的：「首先，讓我們共同敬祝：全世界人民心中最紅最紅的紅太陽，偉大的導師，偉大的領袖，偉大的統帥，偉大的舵手，我們最最最敬愛的毛主席——」

所有人共同高呼：「萬壽無疆！萬壽無疆！萬壽無疆！」邊喊邊把紅寶書舉向右上方，按節奏擺動三次，表示敬祝敬祝再敬祝。

主持人再大聲說道：「讓我們共同祝願：毛主席的親密戰友，我們最最最敬愛的林副統帥——」

所有人再次同聲高呼：「身體健康！永遠健康！永遠健康！」亦同上將紅寶書連揮三次，表示祝願祝願再祝願。

祝願完了，要唱一首頌歌，或《東方紅》，或《大海航行靠舵手》，或《毛主席是我們心中的紅太陽》，只要是歌頌毛澤東的歌曲，都可以唱。

唱完頌歌，再由主持人領讀毛主席語錄：「讓我們翻到《毛主席語錄》第×頁，第×段。偉大領袖毛主席教導我們說——」

大家齊聲朗讀。

至於讀什麼，讀幾段，並沒有嚴格規定，往往視主持人的心情而定。愛顯擺的會挑一些字數多的語錄，從而延長當主持人的幸福時光。想省事的，挑的語錄讓大家不用看書就能背出，諸如「要鬥私批修！」「要準備打仗！」什麼的。

上班後，第一件事是天天讀。一九六八年三月二十六日，林彪提出了「毛主席的書要天天讀，天天用」。部隊立即推行，並形成了制度：每天一小時學習毛主席著作，雷打不動，以「老三篇」為主（《為人民服務》、《愚公移山》、《紀念白求恩》）。後來，又增加了新五篇（《實踐論》、《矛盾論》、《關於正確處理人民內部矛盾的問題》、《在中國共產黨全國宣傳工作會議上的講話》、《人的正確思想是從哪裡來的》）。朗讀者照本宣科，聆聽者心不在焉，時間一到，一哄而散。至於學到了些什麼，有什麼心得體會，對今天的思想和工作有什麼樣指導，並不重要。

晚彙報（向偉大領袖毛主席彙報）的儀式則簡單多了，說是晚彙報，但慢慢演變成了晚批判。雖然還是輪流坐莊，大多無心戀戰，想著早點上床睡覺。一般都是對著牆角（掃帚柄上掛張張劉少奇的漫畫像），背上一段毛主席語錄，三言兩語地批判一段劉少奇的言論，比如「階級鬥爭熄滅論」呀、「入黨做官論」呀、「黨內和平論」呀、「馴服工具論」」呀、「公私溶化論」呀、「群眾落後論」呀，最後在口號聲中結束。

我們組有個山東兵，傅姓，鄉音重且語速快，在領呼「打倒劉少奇」的口號時，只能聽出「打」和「奇」兩個字。於是我們也跟著「打奇」「打奇」地喊上幾聲，無趣中找點樂趣。

全軍上下在做功課，全國上下也在做功課。一九七〇年冬，我隨部隊宣傳隊去蘇南的太倉縣沙溪公社洪涇大隊慰問演出。這裡曾經是空軍「四清」工作隊的地盤，捧出了顧阿桃這位響噹噹的學習毛主席著作標兵，是全國人民學習的榜樣，功課做的更加生猛。

這個大隊家家戶戶都有一個忠字臺，上面張貼著毛主席的彩色標準像，或者放置著毛主席的半身石膏像，白色居多，也有人塗上了金色（與廟裡的金身菩薩保持一致）。寶像周圍還要裝飾各種寓有革命意義的圖案，比如三顆紅心（代表三忠於）、紅日波濤（代表東方紅或大海航行靠舵手）、天安門（代表全國人民心向著北京）等等。每天，農民們要多次站立在忠字臺前，上午出工早請示，中午回來中對照，下午收工晚彙報。三頓飯前必先學習毛主席語錄，叫做「先吃精神飯，後吃白米飯」。人人要背「老三篇」「燒火時念一念，走在路上背一背，做生活（農活）時想一想，晚上睡覺前夫妻倆幫一幫。」從實踐到經驗，一套一套的。

入伍不久，又被上了一門功課，叫做「一幫一，一對紅」。課程是一個饅頭搭塊糕，讓一個學習好的幫助一個學習差的，先進更先進，先進幫後進，兩人共同進步。

和我結對的那塊糕是位沒有領導職務（當時叫測繪員）的排級幹部，王姓，我的本家，二十出頭的年紀，已擁有了中老年人的沉穩。按照規定，饅頭和糕之間要經常開展談心活動，以利於取長補短，互幫互學。身為饅頭我應該主動，但約他談心十有八九被婉拒。偶爾談上一把，他的話語也如水中月、鏡中花，讓我不甚了了。當我以全人類最真誠的心態和表情懇求批評教育時，他仍是微笑著回答：「我該說的已經說啦！」

過了很多年，我參加協助許世友將軍回憶錄的撰寫工作，聽到了他對談心活動的精闢論斷：「談心，談什麼心？你把心都交給別人了，還能活！」至此，才醍醐灌頂，幡然醒悟。

舊小說中，常見「對人只說三分話，未可全拋一片心」之類的詩句，以為是封建糟粕，其實不然，對現實中的人際關係還有點指導意義。上至大區司令員，下至普通測繪員都懂的淺顯道理，我當時為什麼就不懂，就悟不出參不透呢？

年幼無知，無畏。

二

到部隊參加的第一個政治運動是「兩憶三查」（憶階級苦、憶民族恨，查思想、查作風、查工作）。這個以訴苦為第一要務的運動，最初推廣者是已被打倒多年的元帥彭德懷。在《彭德懷自訴》一書中，作者言之鑿鑿，這種「新式整軍法」是他首創的，通過憶苦：「一個人的痛苦，就變為大家的痛苦；大家的痛苦就是每個人的痛苦，很自然地提高了階級覺悟，凝結為階級仇恨。」

關於憶苦，我已經受到過一次形象化教育。在新兵連時，早餐一般都是稀飯加饅頭。一天早上，有個新兵擠進人群中搶著低頭撈稀飯，棉帽一下子掉進了飯桶中。食堂裡一陣騷亂，很多人寧願餓肚子也不肯吃洗帽子粥了。

隨即，部隊集合在操場。我們被要求脫掉一隻棉鞋和襪子，光腳踩在地上。新兵一連的張連長表情嚴肅，語重心長：「同志們啊，你們的一隻腳暖和嗎？那是幸福的新社會！另一隻腳冷嗎？那就是萬惡的舊社會！沒有舊社會的苦，就沒有新社會的甜！」「想想世界上還有四分之三的人民在受苦受難，你們連掉了個帽子的稀飯都不肯吃，對得起誰？還是革命戰士嗎！」

天氣的確很冷，有些兵受不了這種對比，悄悄把光著的腳搭在另一隻腳的鞋上。這個細小的動作，躲不過張連長的火眼金睛。他突然中斷演講，重申必須把光著的那隻腳，實實在在地踩在冰冷的土地上。

就在大家期盼著「解散」的口令快點下達時，又出現了一個戲劇性的情景，有個戰士把兩隻腳的鞋襪都脫光了。見現場有了互動，張連長的臉上露出了掩飾不住的興奮，故作深沉地發問：「你，為什麼要脫掉兩隻鞋？」那戰士眼中噙著淚水，哽咽著回答，「報告連長，我想起了俺爸（一隻光腳）和俺爺爺（另一隻光腳）在舊社會遭受的苦難……」

接著，張連長對那戰士的表揚和由此派生的又一番臨場發揮，讓我們的那隻腳在「舊社會」裡多凍了幾分鐘。

後來聽說，張連長的良苦用心被當作了驢肝肺。我們這批兵中，有不少是「內部招兵」，父輩大多是軍區機關和直屬部隊或大或小的領導。當聽說孩子們（大都十五六歲，最小的十三歲）剛到部隊，就在滴水成冰的操場上脫鞋挨凍；肚子吃不飽（搶稀飯），還被逼著喝髒稀飯；接下去還不知道被怎麼折騰，家長們心疼地連死的心都有了，紛紛打電話來抗議。軍區司令部有位二級部的副部長甚至定性，這是「一起變相體罰士兵的事件」。

我們部隊的頭頭哭笑不得，下了一條似是而非的指示，新兵的思想政治工作還是要加強，但少玩花頭經。

「兩憶三查」運動不同於新兵連的形象化教育，是有計畫有步驟的。吃憶苦飯，憶苦難史，參觀憶苦思甜展覽，排練和觀看憶苦思甜節目為主打項目。

憶苦飯就是糠皮、野菜和著包菜邊皮煮成一鍋，色香味與豬食有得一拼。炊事班的弟兄們絕對有報復心理，平常是人是鬼的都說我們的菜燒的不好吃，像豬食一樣，這次讓你們嘗嘗什麼是真正的豬食。他們的損招是，鍋裡不放一滴油、一顆鹽。

人的嘴可以用來演戲，裝著吃得很香的樣子。人的胃卻容不得半點欺騙，難吃就是難吃，絕不會與虛偽的表情配合。大家閉著眼睛往下嚥，有人咽著咽著眼淚就出來了，還有人邊吃邊吐，出去吐了回來接著咽。

也有佼佼者，我們組一個來自蘇北某縣的新兵，居然津津有味地連吃了三大碗，讓我不得不佩服他的胃具有鋼鐵般的質地，人跟人比為什麼就是不一樣呢？當天的中隊晚點名，他受到了重點表揚，贊其階級覺悟高，牢記苦，不怕苦，能吃苦。

吃憶苦飯如果真的具有如此神奇的功效，思想政治部門的想像力可以再豐富一些。如果是今天的我來策劃這個項目，肯定要開發出一批衍生產品，比如抽憶苦鞭、上憶苦刑、喝憶苦鹽鹵、坐憶苦水牢什麼的，應該有更轟動的社會效應。

排練憶苦思甜的節目，是由各中隊的演唱組承辦的。入伍時，履歷表上我父親的職務是劇團的團長。演唱組組長盛效模（曾任部隊宣傳股文化幹事，後因公犧牲）以為我有文娛基因，讓我扮演一個苦孩子。其實我自小與舞臺表演毫無瓜葛，至今仍是五音不全，唱歌非跑即走，跳舞也踩不上節奏，自嘲舞盲。好在當年歲數小，有可塑性。

那個節目的劇情已經記不清了，只記得我的規定動作是，在節目中的父親被萬惡的狗地主打死以後，伏在他的遺體上嚎啕大哭。被鄉親們拉開後，要再次撲上去、再次哭一通，以示非常悲痛、可憐。

節目上演時，我不知是太入戲了，還是忘了程序，哭了兩遍後又轉身撲在父親身上狂哭起來，眼淚鼻涕糊了一臉，硬是停不下來。臺上的人見戲演過了，把我強行架了下去。演出受到普遍好評，還與兄弟中隊和某通信部隊的憶苦節目拼臺，在南京軍區大禮堂為軍區首長和機關幹部演出了一場。後來，我部排演京劇《沙家浜》時海選演員，我被首批錄取，估計也與這場演出的轟動效應有關。

憶苦難史可愁死我了。我的祖父因家道中落，年輕時從家鄉江都去上海打工，先後在幾家錢莊、銀行、飯店裡擔任會計、文牘。由於他為人低調，做事謹慎，加上有一手好字，深得老闆們的器重。按現在的分類標準，稱得上是白領階層，沒有什麼苦可訴。我的父母那時還不到四十歲，在舊社會都是在校學生或失學少年，也沒有什麼苦可訴。但不訴苦不行，瞎訴苦也不行，那時還沒有學過形式邏輯，不懂這叫二難推理，只能寫信求助我父親。

我父親不愧是編劇中的高手（後來任江蘇省文化廳長、江蘇省戲劇家協會主席多年），給我寄來一封既真實又感人的苦難史。比如萬惡的資本家逼著祖父每天晚上加班算帳（其實白天軋不了賬），燈光昏暗導致視力嚴重受損，雙眼近視都達五百度以上。又比如我的父輩共有兄妹五人，因父母去上海打工，在鄉下就像無人照顧的孤兒，常年以芋頭和茨菰（家鄉人大多也吃這個）裹腹，導致大便乾結，常常拉不出來，只能一邊哭著，一邊相互幫著摳。再比如我母親在黑暗的舊社會，從記事起就沒有穿過一件新衣服，沒有穿過一條沒補丁的褲子，沒有穿過一雙合腳的鞋（母親排行老三，新老大、舊老二、縫縫補補的當然是她）等等。細節之間還有一些煽情的文字串連，讓人不由自主地想到苦大仇深。

收到這份家庭苦難史，真有一信解千愁的快感。讓我也明白了，同一事物，可以有多樣的觀察角度，多樣的表現手法，對我後來的文字寫作產生了深遠的影響。

憶苦階段的氛圍營造很到位，營區的大喇叭不時播放那首耳熟能詳的歌曲：「天上布滿星，月牙亮晶晶，生產隊裡開大會，訴苦把冤伸。萬惡的舊社會，窮人的血淚恨……」。訴苦的地點是不能放在飯堂、宿舍或者會議室的，要找間破舊之屋，工具棚和豬圈是首選場所。由於我們組下手晚了，只好在堆放廢地圖的倉庫裡找一角落，牆上張貼「不忘階級苦，牢記血淚仇！」之類的標語，還掛上了幾件破衣爛衫，上面塗上點紅油墨，充作血跡斑痕。大家圍坐在昏暗的燈光下逐個吐苦水、念苦經，說到傷心處、哽咽處，還要呼口號。

也有憶跑題的。據老兵們說，一個安徽籍的炊事班長，憶著憶著就憶到大饑饉的年代去了。村上餓死了多少人，家裡餓死了多少人，他是如何從死人堆裡活過來的。甚至說到偷一條人腿藏在門後，餓得實在不行了就割塊肉煮煮……

憶者涕泗滂沱，聽者潸然淚下。再聽下去就不對勁了，憶的好像不是舊社會嗎！於是，該憶苦成了嚴重政治事件，該班長享受了提前退伍並押送回原籍的待遇。

憶苦思甜作為部隊思想政治工作的一大法寶，在這次運動後還不定期運用過，一般都是請駐地附近的老農民以及來隊探親的農村籍戰士家長主持高峰論壇。當時還有一批憶苦思甜專業戶，經常受邀到各單位演講，出場費的概念是沒有的，只需飽餐一頓。我曾聆聽過一位農家老奶奶的地道南京話哭訴，大意如下：

在萬惡的舊社會，狗地主看我長得標緻（漂亮），要娶我當小馬子（小老婆），我死活不依哎。狗地主就拼命搗（打）我，搗著搗著我就昏過去了。第二天起來，我就坐在馬子（馬桶）上哭哎，哭得上氣不接下氣，只剩中間一口氣。解放軍同志們，大家要問我哭的什麼噻（事）？我被狗地主糟蹋啦！

時間真是個魔鬼，昨天讓我們義憤填膺的故事，今天聽上去有點像黃段子。

苦和恨都訴完了，運動進入了三查階段，以戰備為參照數。當時，中蘇珍寶島事件發生不久，給人們的感受明天就要開戰似的。

三查階段聯繫思想聯繫實際聯繫個人的具體呈現，一是以分隊為單位挖掘防空洞的進度大大提速，分三班輪流進洞，人倒鎬不倒，手歇鍬不歇。儘管這些洞連幾場雨都經不起，完全達不到「三防」的要求（防原子武器，防化學武器，防生化武器）。我到部隊的第一個除夕，從十五歲走向十六歲的子夜時分（習慣演算法），就是在防空洞裡度過的。

二是個人物品全部進儲藏室集中保管，發一白布條要求標明通信地址和連絡人，讓人直接聯想到處理烈士遺物，如果誰英勇獻身了，這些物品會被寄回故里。我想起大多英雄人物死後都有日記、遺囑什麼的，讓人們發現他們原本就具有高尚的思想境界。於是，也寫了份遺囑放在旅行包中。原件早就沒了，大意是告之父母，當你們看到這封信時，你們的兒子已經「光榮」了。你們不要流淚，不要悲傷，要接過我的槍，保衛毛主席，保衛黨中央云云。幻想著自己哪一天犧牲了，也可以給「重如泰山」再增添點份量。

三是憶苦所積蓄的正能量迸發出來，幹部戰士紛紛寫申請書、請戰書甚至血書，人人要求上戰場，痛殲蘇修新沙皇。我曾做過小試驗，用縫衣針戳破食指，流出的血不足以書寫一個大字。想不通那些戰友的血書，洋洋灑灑，是用什麼熱血書就的。

中隊領導因勢利導，決定開個大會，每組選一個代表發言，總結並擴大「兩憶三查」運動的成果。

蘇組長指定我代表全組發言。寫發言稿沒困難，摘點報紙上的詞彙串一串，再加點「通過學習，我在靈魂深處爆發革命，狠鬥私字一閃念。今後一定緊跟毛主席偉大戰略部署，堅持學習不放鬆，刻苦改造世界觀，努力當好又紅又專的革命戰士」等等，就是好文章。

用什麼語系宣講，讓我糾結許久。用家鄉話念吧，聽上去會像揚州評話，有點搞笑，更缺乏戰鬥激情。用普通話念吧，有點不自信，那口揚普（揚州普通話）自己講來都覺得彆扭。後來虛榮心占了上風，以為進了中隊演唱組就是文藝青年了，毅然決定以普通話在大會上閃亮登場。

稿子讀得很流暢，一個絆沒有，心中有點小得意。回座位剛剛坐定，就被副指導員馮海泉叫到了門外。馮副指是我的揚州同鄉，我住城裡，他住城郊鄉下（現在也是高樓林立了）。他臉色陰沉地一把奪走我的發言稿，從頭到尾看了幾遍。然後，指著「我們是偉大領袖毛主席親手締造的林副主席親自指揮的人民軍隊」一行字，讓我讀一遍。我有點疑惑，這句話是照抄報紙的，是流行語，應該不會有問題，於是輕聲念了一遍。

解惑的答案來了，馮副指用近似審訊口吻發問，締造的「締」為什麼要念成捏造的「捏」？一股涼氣從後背襲來，慌忙解釋是我的普通話不太標準，以為這個字就該這麼念。他說，普通話再差，「締」也念不成「捏」。真情實話他不信，我只好扯淡說這是奶油夾心普通話。他又嚴肅指出，揚州普通話中也沒有這個念法。

真倒楣，遇到個懂方言的領導，眼前頓現戲曲《竇娥冤》的舞臺畫面。我感到了語言的蒼白，只能眼中含淚地向他並同時向毛主席保證，心中絕無對他老人家的絲毫不敬（信與不信，要殺要剮，你就看著辦吧！）。馮副指見我如此，同情心油然而起，指示這件事不要再對任何人解釋，有人問讓他找我。

事後聽說，這是有人在我發言時敏銳發現的，作為重大問題彙報給了馮副指。在排除了我膽敢攻擊毛主席的嫌疑後，馮副指用揚州土話中好像有這種讀法幫我遮掩了過去。

在那激情燃燒的歲月，這種事是可大可小的。大到或打成現行反革命，或遣送回家，或組織處分，或批評教育，或影響進步，都有發生的可能性。我沒有蒙受不白之冤，是遇上了一位握有話語權的同鄉。在「老鄉見老鄉」這個特定場景，已從「淚汪汪」演繹到「打黑槍」的今天，很感激當年赦我一字之罪的馮副指。

三

我們這批揚州兵，共有七十來號人。過了不久，有位陳姓老鄉，出了個大風頭，也讓我們這個群體分享了光榮感。

陳老鄉被分配到一隊，也叫大地測量隊，南京軍區範圍內各座山頭上三角標架（測量標誌）都歸他們管轄。在一次外勤作業時，有座山頭上的木質標架過了保質期，領導決定更新換代，用角鋼搭建一座新的。

非常意外的是，新標架即將完工時突然坍塌，正在標架上忙碌的陳老鄉驚呼一聲，隨著緩緩傾倒的標架撲向了大地。所幸的是，他掉進了一個溝壑，既沒有被鋼質標架砸傷，也沒有滾下山去。更慶幸的是，除了一條胳膊有點傷（後查出有點腦震盪），其他部件幾乎無損。

真是大難不死，定有後福。政治處宣傳股的新聞幹事，王姓，對陳老鄉在空中的那聲大叫產生了濃厚興趣。採訪當事人、目擊者的說法有多種版本，最後在王幹事的循循善誘下形成共識，喊的是一句口號：「毛主席萬歲！」

嚴格說來，標架坍塌了是一次事故，如果摔死人就是大事故，是要追究責任的。這一聲「毛主席萬歲」把事故轉化成了壯舉，我的這位老鄉也成了「三忠於四無限」的典型，上了報紙，做過演講，熱鬧了好一陣。

樹典型，是部隊的光榮傳統。無論在戰爭年代還是和平時期，只要有政治需求，就會湧現出相應的典型。

大有大的典型，有像雷鋒、王杰、歐陽海那樣，犧牲了以後被樹起來的全面先進性典型；還有像廖初江、豐福生、黃祖示那樣，因活學活用毛主席著作而著名的典型。入伍不久，聽過一位首長的報告，不時提到要向廖豐黃同志學習（應該是秘書圖省事，只寫了三位典型的姓）。身邊的老兵和幹部們竊竊私議：「又出了一位典型，叫廖豐黃。」

小有小的典型（遠學榜樣，近學標兵），我們部隊的團營連各級都被要求培養和宣揚各自的典型人物。雖然強調要立得住、叫得響、樹得牢，響鼓還要重槌敲。但是，在政治生活缺乏誠信的大環境中，經過粉飾的典型大多經不起推敲，猶如過眼雲煙，記憶無痕。

靠譜點的是位女幹部，施姓。我曾看到她在花季年齡，光著腳跳進化糞池，用手和洗臉盆清理堵塞的下水道，以此蕩滌軍隊女兒身上的「驕嬌」二氣。後來，她被推選為全國四屆人大代表，成了我們部隊的驕傲。三隊的宣傳隊據此編排了一齣歌劇，名曰《錘鍊》，好像還在大禮堂裡「錘」了一兩場。

所謂「驕嬌」二氣，主要針對從城市入伍的戰士，再細分點是調教幹部子弟的法寶。這批兵的年齡偏小，體質偏弱、女兵偏多，在家還是向父母撒嬌的孩子，嬌氣尚存很正常；同時，這批兵大多在軍營中長大，見多識廣，長於思辨，我們部隊的領導在他們眼中也就是位叔叔（部隊中比父輩職務低年齡小的皆稱叔叔），有點驕氣（或者說少年麻木）也不奇怪。

我不是軍旅子弟，但也感同身受。當戰士時最不爽的是每逢民主生活會、總結評比什麼的，都要被人用「驕傲自滿」的小鞭子抽抽。從開始的「要注意盲目驕傲自滿」，到「要克服驕傲自滿情緒」，再到「要改正驕傲有資本的思想」，怎生一個「驕」字了得。

其實，驕傲是個褒義詞，自滿也比自卑好，個性張未必是壞事。當年不能這麼說，每次我能做的是表情要誠懇，語言要低調，虛心接受，堅決不改，下次再來。

在基層部隊，從農村入伍的幹部握有主導話語權，入黨、提幹都在他們手中捏著，誰堅持這兩種秉性決無出路，肯定混不出人模狗樣。有位分管直屬部隊的軍區副參謀長曾在大會上友情提醒：「穿上軍裝就是一個兵了，還有人成天想著喝加非（咖啡），吃巧力克（巧克力），怕髒怕累怕吃苦，問題很大，很大！」

女兵是治理整頓的「重災區」。前不久，我的小學同學、後來又同在一個分隊的蕭楊（轉業後在南京某保險公司任科長）憶當年，感慨萬千：「我們那時特別饞，尤其想吃糖，看到糖果時眼睛絕對發綠。可恨的是兜裡有錢不敢買，也不准家裡往部隊裡寄，紀律不允許。有一次，不知誰從衛生隊弄來大半瓶奎寧片，是一種紅色的小藥丸，外面有糖衣，有點甜。我們中隊的兩個女兵乘大家不在時，你一顆我一顆的，居然把半瓶藥全吃光了！嘴饞是有成本的，兩人昏睡了好久才醒來，把大家驚得冷汗漣漣。後來，她倆的個子長得都不高，不知與這件事有沒有關係。」

愛美，是女孩子的天性，也是小女兵們的「天敵」。就拿著裝來說，裡裡外外都要穿部隊發的，容不得一件舶來品。我的同組戰友孫忠玲（復員後在江蘇省政法委機關工作）特別記掛當年的一位女性副指導員（兄弟中隊的），說每當看到電視劇《還珠格格》上的容嬤嬤時，就想起這位女領導。她每天必到洗漱間裡轉悠，看到臉盆裡有泡著的帶花的手絹呀、尼龍襪子呀、顏色鮮豔的內衣、內褲呀，只要不是部隊發的，都會用兩個指頭拎出來（像拎著骯髒無比的東西），進行非常嚴厲的盤查，再進行非常嚴肅的批評，一點也不嫌煩。

還有更悲憫的橋段。部隊課外時間要開展小生產，女兵班組也有一畝三分地，農活要學著幹，大糞要自己挑。我們中隊有個小女兵，當時也就十五六歲，身高約一米五左右，兩桶大糞挑上小肩後稍稍高於地平線。走平地猶如風中柳枝，搖搖擺擺、潑潑灑灑；上坡時更是踉踉蹌蹌、險象環生。有次，終於失去平衡倒在了地上，前面那隻桶裡的內容統統潑在了（此處省略若干字）。事後，她悄悄地對閨蜜透露了一個常人不知的祕密：「屎，味道是鹹的！」

老一輩軍人常說「慈不掌兵」，有道理。在這種高標準、嚴要求環境下成長的女兵，大多很陽光、很向上。她們當中有不少人評為五好戰士、立功嘉獎，有的人入伍當年就入了黨（就像上面說到的蕭楊同學）。後來，又有不少人提了幹、擔任了領導職務，成為部隊管理和業務的骨幹。

時至今日，這幫已經升級為奶奶輩外婆輩的小女兵們，仍然是戰友聚會和網上戰友群中最活躍的群體，還在自覺不自覺地複製少女時代的純真。灑落過汗水、淚水，掩埋著無悔青春的軍營，依舊是她們夢中常來常往的地方。

四

前不久，我父親交給我一個紙卷，說他年紀大了，你的東西還是自己保管吧。打開一看，竟是我在一九七〇年底被評為五好戰士、一九八六年授與二等功的兩張喜報。兩張紙，一張保存了四十三年，一張保存了二十七年，至今仍完好如新，足見老人的重視和珍愛，也讓我唏噓不已。

剛入伍時，「創四好，爭五好」（四好連隊：政治思想好、三八作風好、軍事訓練好、生活管理好，五好戰士：政治思想好、三八作風好、完成任務好、軍事訓練好、鍛鍊身體好），是爭取榮譽的一種原動力；把五好戰士的喜報寄回家，「一人光榮、全家榮光」，是戰士們的共同奮鬥目標。

評選是有名額的，競爭很激烈。為了能評上五好，戰士們八仙過海，各顯神通，盡一切可能地吸引大家的眼球。

抹桌子。我的組有個新兵，平時最恨洗衣服，被單髒了翻過來再用，卻堅持三頓飯後在食堂抹桌子。每次他先用炊事班的抹布將桌面清掃一遍，然後很誇張地掏出一條白毛巾（部隊發的洗臉毛巾），逐桌再抹抹，發現油漬、污穢什麼的，馬上重新加工。有人幫著幹活，炊事班長當然很開心，為了調動他積極性，人前少不了經常性的口頭嘉獎，背後卻犯點小嘀咕：「桌上的油漆快被他擦光了。」

掃地。晨起勤掃地，是部隊的傳統。雖說排了值日表，大家輪流搞衛生，但滿足不了掃地族的表現需求。開始是比早，起床號還沒吹，就有人呼哧呼哧地掃上了。再發展下去是運用智慧，我有個老鄉叫魏旦晨（曾任南京軍區作戰部參謀，轉業後任揚州市房產局副局長），年紀和個頭比我還小，搶掃帚總是搶不過別人。狹路相逢智者勝，他在晚上悄悄藏起一把掃帚，早上起床後不慌不忙，取出掃帚從容掃地，讓那些想表現但沒有掃帚的人眼紅的滴血。

餵豬。為了改善伙食，每個中隊都養了不少頭豬。業餘時間幫飼養員打點豬草、切點豬食、餵餵豬，是很多人做秀的重要選項。某星期天中午，幾個小女兵神情緊張地向中隊領導報告，豬們病了，躺在圈裡直哼哼，不肯吃食。這還得了，司務長一路小跑到豬圈，左觀察右分析，發現是虛驚一場。飼養員小宋是南京人，那天請假回家，臨行前熬了一大鍋豬食。沒料到餵豬的志願者太多，你一桶他一盆的，一上午把整整兩天的量全都餵了。豬們是食不厭多的，給多少吃多少，直至撐的幸福地躺在地上哼著玩。

還有幫人洗衣服刷鞋的，打洗臉水擠牙膏的，代寫書信代購物品的，凡是「把困難和吃虧留給自己，把方便和享受讓給別人」（雷鋒同志語錄）的事都樂於去做，搶著去做。

其他部隊的情況與我們單位也大差不差，南京軍區某防化部隊的駱崇泉（曾任該部隊宣傳股股長，轉業後任泰興市文廣新局局長等職）入伍時，也有過為爭取表揚而產生的努力和糾結：

「新兵下連隊後總想表現一番，給老兵和領導留個好印象。我下連隊不久，大部隊就去句容施工了，我們這個班留守種菜。班長姓陳，話不多，不大表揚人，最多在班務會上說某某同志細小工作比較主動。

「老鄉李長橋，就是陳班長表揚過的一員。他每日早起，等到大家下地幹活時，已將菜地澆了一大半。我有點不服，不就是不睡懶覺嗎。有天我起了個大早，到菜地未見長橋的身影，很開心，總算搶到了一次先機，被表揚勝利在望。正在得意，只見他挑著水桶從廁所裡走了出來。我既感到絕望又感到敬佩，長橋早起澆菜還兼顧打掃廁所，在細小工作方面太主動、太能吃苦了。在這場不是比賽的比賽中，我承認已輸得乾乾淨淨、心服口服。

「當天，陳班長召開班務會，主題直奔廁所，查問是誰打掃的？連問數遍，無人回答（當年鼓勵做好人好事不留姓名）。當看到班長要發火了，長橋這才舉起了手。意外的是，這次收穫的不是表揚，而是劈里啪啦的指責：原來是你！你搞什麼搞，用水沖要悠著點，茅坑裡的蛆順著浮水印爬到牆上、爬到頂棚上了。如果有首長親自拉泡屎，那蛆還不登鼻子上臉掉頭上。

「可憐長橋，辛辛苦苦換來滿臉愕然。看來細小工作僅是主動還不夠，還需要講究科學性，增強全域感。也許是巧合，長橋退伍後分配到市環保局工作，專門負責市區公廁環保達標的驗收考核。」

身邊的各式人等都在行動，讓我有了做好人好事的緊迫感和危機感。中隊團支部號召大家收集破銅爛鐵，用於變現貼補伙食。營房附近有條鐵路（京浦線），鐵路工人經常更換鉚釘，舊鉚釘大多遺棄在路基兩旁。我和師兄郭清亮（同為印刷工序，早我大半年入伍，轉業後在南京公安系統工作）捕捉到這個商機，用了半個星期天的休息時間，很興奮地撿回了一麻袋舊鉚釘。

正當我倆期待著享受表揚的快感時，得到的卻是團支部副書記丁亞南劈頭蓋臉的一頓臭罵：「毛主席教導我們不拿群眾一針一線，你們幹的好，抬回來一麻袋。」

批評歸批評，看我們兩個小傢伙弄回這百十斤的鐵傢伙累的夠嗆，丁副支書借個小板車將舊鉚釘還了回去。沒想到鐵路上的領導說，舊鉚釘本來就不回收，撿了就撿了，多大的事啊。更沒想到的是，人家還專門寫了封感謝信，說是要學習解放軍勤儉節約、變廢為寶的精神。

這個世界真奇妙，同一事物，乍黑乍白，孰是孰非，戴上不同的眼鏡就會呈現不同的色彩。這件已被定性的壞事，不經意間又變成了好事，這可能就是生活中的辯證法。事隔不久（一九七〇年五月），我光榮地入了中國共產主義青年團。

到了年終總結，開始評比五好戰士。我在中隊沒有幾個月就去排演《沙家浜》，大半年沒參加業務訓練和工作，偶爾弄點好人好事還差點演砸，自感無戲也就不想它了。

沒想到，大慈大悲的隊教導員，余姓，在開會布置評選工作時，專題說起宣傳隊的戰士們很辛苦，為隊裡爭取了榮譽，要求各中隊優先考慮。這下子來了個乾坤大逆轉，我上了，組裡那位在飯堂抹了一年桌子的他沒上。寫到這裡突然感到有點不好意思，好像是我搶了他的五好戰士似的。

學習雷鋒做好人好事，當然是評選五好戰士的捷徑。語言和文字的革命化、標準化也是不可或缺的重要環節。雖然不能指望人人舌上生蓮，筆下生花，但言必引毛主席語錄，文必書最高指示，是眾生必須練就的基本功。

老兵病多，新兵信多。剛到部隊，寫信是一種樂趣，看信更是一種享受。記得我給家中的第一封信，除了報平安外，其他文字大多是用毛主席語錄構成的。我父親回信時，首先肯定我摘錄語錄是正確的，但同時還應寫寫通過學習毛主席著作後的思想、工作包括身體情況等等。父親像作文老師似的，將我的信上的語法錯誤和錯別字一一標注出來，退我改正。這樣的兩地書堅持了半年之久，我父親也為我補習了半年多的文化。

後來，江蘇省作家協會主編的《雨花》雜誌開闢了一個新「世說」專欄，主要是針砭文革中的種種怪像。我湊趣寫了一則小品《口令》（《雨花》一九八七年十期），有點誇張地記錄了當時部隊的政治語言和氛圍，轉載如下。

某連副指導員馬某，創造出一套突出政治的隊列口令：

指揮員：「立正——」

戰鬥員：「立場堅定！」

指揮員：「稍息——」

戰鬥員：「百倍警惕！」

指揮員：「向左看齊——」

戰鬥員：「向人民群眾學習！」

指揮員：「向前看——」

戰鬥員：「時刻備戰！」

指揮員：「向後轉——」

戰鬥員：「打倒帝修反！」

指揮員：「向前轉——」

戰鬥員：「解放全人類！」

指揮員：「齊步走——」

戰鬥員：「打倒蘇修！」

指揮員：「跑步走——」

戰鬥員：「革命到底，永不回頭，一、二、三、四！」

一時，此口令風靡部隊，營區內外此起彼落，很熱鬧。

時下提起這段歷史，皆以為是左的產物，是「一好帶三好」，有失偏頗。一個連隊的政治思想工作做得再好，哪怕是經驗體會上了《解放軍報》頭版頭條，但只要你翻次把車、死個把人，肯定與四好連隊無緣。一個吊兒郎當的兵，即使把老三篇倒背如流也絕對評不上五好戰士。

山東兵劉國文，為人忠厚，學習好，業務好，人緣更好。如果那時也搞民意測驗，肯定位居前列。在一九六九年，他理所當然地評上了五好戰士。第二年，正當他滿懷豪情地「發揚革命成績，爭取更大光榮」，準備實現評選活動「二連冠」時，卻因在浙江作業時丟了幾顆子彈，導致辛辛苦苦打造了一年的業績全部泡了湯。實指望來年再爭取的，誰知老天偏偏不讓他如願，隨著林彪駕鶴西遊，「創四好，爭五好」評選活動也就歇菜了，他至今想起還覺得有點小遺憾。

軍人的流汗流血甚至犧牲，無論在戰爭年代還是和平時期，都是需要用強大的榮譽感來支撐的。聽說全軍部隊自一九九四年起，開展了「雙爭」（爭創先進連隊、爭當優秀士兵）活動。被評為優秀士兵（政治思想強、軍事技術精、作風紀律嚴、完成任務好）的，年終由部隊向其家鄉政府寄發喜報。

誰能告訴我，這個「雙爭」從形式到內容，與當年的「創四好、爭五好」有多少本質上區別呢？知道的請舉手。

伍　兵哥兵妹唱大戲

一九六七年五月一日，作為紀念毛澤東的《在延安文藝座談會上的講話》發表二十五週年的重要活動，上海的現代京劇《智取威虎山》、《海港》，芭蕾舞劇《白毛女》，和山東的《奇襲白虎團》，會同北京的《紅燈記》、《沙家浜》，芭蕾舞劇《紅色娘子軍》，交響音樂《沙家浜》，聚集在首都北京舉行了會演。三十一日，《人民日報》以《革命文藝的優秀樣板》為題發表社論，說這八個戲「宣告了反革命修正主義文藝黑線的破產」。從此，這些戲被統稱為革命樣板戲。

三年以後，毛澤東作了「樣板戲要普及，要提高。不要（演）工農兵的戲，工農兵看不到」的最新指示。於是，上面很快發了《關於貫徹毛主席關於普及革命樣板戲指示的通知》，要求各地因地制宜，組織業餘文藝演出隊（組）學演革命樣板戲。

一

唱戲這玩藝兒雖然與基層部隊毫不搭界，但傳達貫徹毛主席的最新指示，部隊歷來是聞風而動的。南京軍區司令部直屬政治部迅速下發通知，舉辦一次所屬單位學演革命樣板戲的會演。

和平年代，會演在部隊是件大事，是不比賽的比賽，不競爭的競爭。我們部隊的領導決定排演根據滬劇《蘆蕩火種》改編京劇樣板戲《沙家浜》迎戰，把這個光榮而又艱巨的任務交給了三隊，由十中隊中隊長任禹舜（現定居上海）負責宣傳隊的組建和排演。並要求各中隊演唱組排演樣板戲選場或選段，以便從中挑選演員和樂隊人員。

經過緊張的海選，演員、樂手一一浮出水面，我也很榮幸（絕不是客套話）成為其中一員。接下來，從句容縣請來一位導演，王姓，全面指導我們學戲、排戲、演戲。

王導是位淡定哥，成日裡手執一把摺扇，圈來繞去。面對我們這群戲盲，說話不急不緩，排戲不浮不躁。首先，他要求所有人員亮嗓子，戲也好、歌也罷，認認真真地唱一段。大夥唱完了，他的角色也安排妥當了，只認嗓子不認人，沒有嗓子唱什麼戲。

軍區司令部直屬政治部聯繫江蘇省京劇團，辦了個普及樣板戲學習班，為各大單位培訓主要演員和琴師、板鼓佬，該去的都去了。我們在家的男演員（男兵）主要任務是苦練基本功，終端是能夠翻過牆去偷襲胡傳魁。於是，我們每天清晨出操後就像專業演員似的練功，雲手、壓腿、踢腿、跑圓場；白天的功課是練鏂子功，在一間有地板的地圖庫房裡紮踺子，在麥稈垛裡學著走出場（翻筋斗）、穿魚躍。

面對如此密集的強化訓練，我們這些新兵蛋子（大多十五六歲）尚能應付，只是苦了幾位老同志（實際上也就二十來歲）。有的大腿兩側上布滿青斑（淤血），走路像鴨子一樣；有的練習翻出場，紮踺子紮得手腕腫大，吃飯竟拿不住筷子。

去省京劇團培訓的人員回來後，帶回來佈景、服裝、道具的樣式，甚至畫妝時照著描的大頭照。王導用了一個月左右的時間，先排了《沙家浜》中「軍民魚水情」「智鬥」和「堅持」三折戲。

服裝是湊的。陳應豹（曾任分隊長，轉業後在蘇北某縣工作，已故）是穿四個兜的幹部，外出辦事比較方便，從農村敬老院借來了若干套群眾服裝；新四軍的軍服是用上交的舊軍裝染的，連阿慶嫂身上的花圍裙也是小女兵們比劃著劇照染繪的。十中隊技術員單昌平（現定居福州）送來了他心愛的一雙皮靴、一雙三截頭皮鞋、一隻打火機，這些都是當年的稀罕玩兒，解決了裝飾反面人物的大問題。

道具也是湊的。沙四龍捉到的魚、阿福的送來的年糕，是盛效模用水果刀加鋸條雕刻出來的；茶盤、茶杯是費了若干口舌，從地方一戶人家借來的；茶壺找不到，是用牛皮紙糊的，用五公分寬的牛皮紙，一條一條、一層一層地糊，讓李士榮（後調軍區作戰部工作，轉業後在江蘇省政府某部委任職）等人整整忙了三天（含漿糊乾燥等候期）；長槍短槍是從各個連隊演唱組收集來的，雖然制式不一，好歹也可以「緊握手中槍」了。

佈景更是湊乎的。臺上放張椅子，椅背上綁根棍子，棍子上掛塊牌子，牌子上寫上「茶館」兩個字，也就代表春來茶館了。「智鬥」一樣的鬥，絲毫不影響演員情緒。

首演在我們中隊的大車庫裡隆重舉行，現場效果異常的好。戰友們看戰友們演戲倍感新奇、倍感親切。該有掌聲的有掌聲，不該有掌聲也有掌聲，更多的是笑聲，尤其是臺上出點小差錯什麼的，臺下立馬笑翻天。

「堅持」這折戲裡有個情節，新四軍傷病員小王餓的暈了過去，戰士甲見狀拿出了最後一塊乾糧，以顯示戰友情深、生死相助。此刻樣板戲的規定道白是：「小王，我這裡還有一塊乾糧，你，吃了吧！」而飾演者陳應豹候場時沒找到乾糧（道具），急中生智拿了塊卸裝用的肥皂頭。上了場，又不知哪根筋搭錯了，他居然滿臉深情、語音微顫地說：「小王，我這裡還有塊肥皂，你，吃了吧！」

一句話，引得全場觀眾哄堂大笑，爆棚。

首戰告捷，再接再厲。王導又用了一個多月，終於領導我們將《沙家浜》全劇搬上了舞臺。最大的缺憾是武功沒跟上，胡傳魁家後院的那堵圍牆，沒有一定的競技實力是很難飛越的。我們一時是翻不過去了，魚躍撲進去總可以吧。現在看，這只是一臺較低水準的模仿秀，但當時上上下下卻自信滿滿，昂首挺胸地去南京參加軍區司令部直屬單位的會演。

這次會演，我們的《沙家浜》和軍區某通信部隊的《紅燈記》、某通信部隊和某防化部隊各自的《智取威虎山》，以及上海某飯店的《海港》受到好評。當時的軍區司令部直屬政治部主任，蕭姓，在會上把我們小表揚了一下：「告訴同志們一個祕密，這臺《沙家浜》的演員，平均年齡只有十六歲，了不起喲！」（下面彙報的統計資料有水分）。

會演結束後，根據蕭主任的指示，我們和軍區某防化部隊的《智取威虎山》兩出戲奔赴大別山，到山區的軍區直屬部隊巡迴演出，執行普及樣板戲的任務。

出發前，蕭主任給我們發了個大紅包。軍區司令部管理局下屬的第二招待所，也排了一臺《沙家浜》參加了會演，整體呈現與我們不在一個平臺，尚有提升的空間。但他們是有錢的主，服裝、佈景、道具非常專業，是花了大把銀子請省京劇團專門製作的。

蕭主任一聲令下，全部無償劃撥給了我們。

二

大山裡的官兵是永遠值得敬重的。物資匱乏顯而易見，生活枯燥更是現在的青年人難以想像。在那個沒有電視沒有網路的年代，陪伴青春歲月的只有大小喇叭和幾種遲到的報紙。營區內的大喇叭除了播放起床、熄燈等等號音外，還會轉播中央電臺的即時新聞和一些革命歌曲；小喇叭是指當時的家用電器——半導體收音機，擁有者都被告知，不准收短波，更不允許偷聽敵臺。

我們的到來，給他們沉寂的生活抹上了一道喜慶的色彩。表達熱情程度的唯一標準，就是餐桌上菜的品質和數量。每個單位都盡其所能為我們準備一頓有魚有肉的豐盛晚餐，和以雞湯麵條為主打的宵夜。

在流水似的盛宴（因條件所限，不會超過八個菜）面前，宣傳隊女同胞們強大的就餐戰鬥力迅速被認同，上多少，殲滅多少，大快朵頤後也不屑於收收碗筷、抹抹桌子的俗事。對此，飾演郭建光的邵洪波（曾任我們部隊司令部股長、轉業後在江蘇鹽城司法系統工作）做過點評：「一哄而上，一搶而光，揚長而去。」

當年大別山區的唯一旅遊產品，是蘇聯老大哥幫忙建設的幾個水庫，也就是書面語常說的淠史杭水利工程。在位於金寨的梅山水庫，有人發現乾涸的沙石灘（枯水期）上有幾隻覓食的松鼠，引發了男女老少的童趣。大夥兒歡笑著奔向沙石灘，展開了一場人和松鼠間的追逐大戰。最後的戰利品是駕駛班長手中的一隻斷了尾巴的松鼠，一副可憐兮兮狀，讓我聯想起「禿毛的鳳凰不如雞」這句俗話。

類似被世界動物保護組織所唾棄的行為，還常常發生在我們演出結束後返回駐地的盤山公路上。大別山的夜色如墨，伸手不見五指，張嘴不見牙。車燈如同兩道光柱撕破夜幕，常有在路上行走或覓食的野兔闖入。它們會老老實實地沿著車燈所照之處狂奔亂蹦，直到精疲力竭或壯烈犧牲在車輪之下。

又來了一位新領導，是衛生隊的徐副隊長。此人說話輕聲慢語，瘦長的臉上經常呈現出家長似的微笑，很有親和力。在演出間隙，他會領著我們上山，識草藥、採草藥。從他那裡，我得到草葉分叉有對生和次生的知識啟蒙，還知道了小菊花也叫一枝黃花，是治療感冒的好藥材。

大別山的黃花遍野，多少年沒人疼沒人愛的，這回總算派上了用場。上得山去，小女兵們像採茶姑娘似的用纖細的手摘著花朵，而我們小男兵則很霸氣地拽，一抹一大把。花莖受損後流出黏黏的汁，在手上留下縱橫交錯的綠痕，乾了以後很難洗去。黃花採下山後還要揀、還要曬，拾掇的乾乾淨淨地帶回衛生隊。那兩年，我們部隊患傷風感冒的戰友，或多或少都分享了我們的戰果。

採藥還有驚喜，小女兵們發現了一棵野栗子樹，碩果累累，一搖滿地，撿起來就吃。她們在充分滿足舌尖上需求的同時，栗子外殼的毛刺也充分進入了她們的手指。事後，徐隊長幫著挑刺時，發現小女兵徐利華（戲中逃兵荒時攙著老奶奶的女孩）的手上，居然紮了近九十根刺。又是心疼又是無奈，連唬帶嚇地說：「刺再多點，就要截肢了！」

半年後，我們宣傳隊隨軍區司令部機關野營拉練，從皖南走到皖西，又去了趟大別山。

我們這批兵從學校門跨進軍營門，除了一個月的新兵連訓練，其他與行軍打仗幾乎沒有半毛錢的關係。參加類比戰爭狀態的野營拉練，讓我們在精神層面得到了昇華和磨礪，在體能上也接受了鍛鍊和考驗。

這次任務不是普及樣板戲，承擔的是戰地文工團的職能，有點像電影《英雄兒女》中王芳們那樣。行軍時，就地選擇一個顯眼的位置，呼口號、說快板、念語錄，表揚好人好事，朗讀部隊來稿。機關幹部中玩筆桿子的玩嘴皮的人才雲集，我們每天都能收到大量稿件，有的即興詩作不用修改，就可收錄進《中國軍旅詩詞大辭典》。

拉練途中到了宿營地，我們還要搭臺演出，與當地軍民聯歡，節目以《沙家浜》選場為主。由於人員精簡，扮演沙四龍的戰友楊寧軍（復員後在南京某電教中心工作，已故）的沒有隨隊，我被指派臨時頂替。演出時正值隆冬，每次上場只能穿件袒胸露背的紅馬甲，凍得嘴唇直抖還要拭汗故作炎熱狀。讓我領悟到往上爬（比如從龍套到配角），確實是需要付出代價的。

同時，往上爬也時還有人身危險。在某部演出時，舞臺設在球場前的一個高臺上。演出沒一會，一隻大黃狗大搖大擺地上了舞臺。部隊養的狗對穿軍裝的幾乎不設防，都是第一主人、都搖尾巴。對老百姓還真有點狗眼看人低，都是賊，都要防著。

可能是平生第一次看到如此亮麗的燈光，大黃狗未敢造次，開始是狗視眈眈，盯著穿戲裝（老百姓服裝）的阿慶嫂張佩清、沙奶奶茅莉和我；再後來誰唱跟著誰的後面轉，張佩清唱的最多，也被尾隨的最多，嚇得她花容失色，幾近唱不下去。隨著炊事班長衝上臺來趕走了大黃狗，演出在戰士們的哄笑聲中得已繼續。事後想想有點後怕，如果大黃狗素質不高，上來就是一口，飾演這個代理沙四龍真是冤死了。

雖說是大軍區機關等級的野營拉練，指揮部的想像力並不超前，還是解放全中國時的那些老套路。比如白天行軍頭上戴頂用樹枝和茅草紮成的偽裝草圈，夜間行軍胳膊上紮條白毛巾，嘴對耳朵傳遞口令，有時還出點小敵情，防空襲、防化學武器什麼的（疏散休息的好時機）。

這些訓練的理念和模式，在同期已經裝備偵察衛星、熱成像夜視儀的美國大兵面前，顯得太陳舊、太落後、太歷史了。

「落後就要挨打」，好在當年沒有打起來。

野營拉練還有一些糗事。徒步行軍休息時，總會聽到一句口令：「男同志路左，女同志路右，解散！」摩托化行軍休息時，方向略有變化，「女同志車前，男同志車後，解散！」口令下達後，很快就會傳來「大珠小珠落玉盤」的聲響。

我們宣傳隊有位女同胞患有尿急症，說尿就要尿，否則尿褲子。有次行軍路過一個山口，小女兵們突然停下來，背靠背圍成了一圈，為這位女同胞排憂解難創造條件。後面的部隊上不來，派人詢問啥情況。隊長笑答，剛才是女兵們練習排雷，現在繼續前進。

三

從大別山回來後，我們又領受了新的任務。

這年秋天，蘇州地區吳縣長橋公社龍橋大隊在連續八年豐收的基礎上，又獲得大豐收。糧食平均畝產由上年的八五三公斤增加到一〇〇二公斤，突破了一噸大關（當年美譽「噸糧田」）。

喜訊傳到南京之後，兼任省革會主任的許世友司令員很高興，在電話記錄上批示：「要祝賀，要慰問。」他還親自交代帶隊的軍區政治部群工部李部長：「先去洪涇，再去龍橋。」這個洪涇，指的是江蘇省太倉縣沙溪公社的洪涇大隊，是全國活學活用毛主席著作的先進典型。

按照慣例，祝賀和慰問要唱大戲。那時軍區的歌舞團、話劇團、歌劇團的一些人因為在文革初期造過反，被下放到基層部隊辦學習班了。專業文工團唱不了戲，軍區政治部只能矮子裡面拔將軍，把這個任務交給我部的《沙家浜》和軍區某通信部隊的《紅燈記》兩個業餘宣傳隊。

演出動員大會的規格很高，地點在軍區第三招待所十三號樓大會議室。李部長親自動員，工作安排之細，政治紀律之嚴，演出要求之高，都圍繞著一個主題：這次演出是政治任務，是許司令親自安排的，是代表南京軍區的春節慰問團，不允許出任何差錯。

先去洪徑。

演出在洪涇展覽館附近的廣場上，幾個所謂的「四類分子」很賣力地搭建了一個露天舞台。有農民很自豪地告訴我，藏族歌唱家才旦卓瑪前不久在這裡唱了十幾隻（首）歌。

演出前，名人顧阿桃發表了熱情四溢的講話，對許司令派來的慰問團表示熱烈歡迎。正如報紙所說，我親眼目睹了顧阿桃的發言稿只是一張紙，上面畫了一些類似看圖識字的圖像。一個大字不識的農村婦女，僅靠圖畫提示就能完成流暢的大會講話，不能不稱作當年江湖的一則傳奇。

這份講稿，被通信部隊宣傳隊的一個小男兵要了去，還帶有炫富性地讓我們傳閱過，現在不知流落何處了。

時年五旬的顧阿桃原是一位普通的農家婦女，善良樸素，出身很苦。她的一生，原本是應該「近在灶前頭，遠在宅基頭」，圍繞柴米油鹽度過的。但隨著空軍「四清」工作隊裡，那個叫做「易敬」（葉群化名）的女人走進她的生活，註定了她的人生再無平靜可言。

洪徑大隊有十來個生產隊，葉群進駐的是顧阿桃所在的一隊。儘管她對太倉的吳儂細語聽不太懂，在當地幹部的提示下，發現顧阿桃的語言像民歌似的，「舊社會把我們當棵草，新社會把我們當成寶」「我是藥材店的揩臺布，甜酸苦辣都嘗過」，生動而有形象；她還發現顧阿桃在別人的幫助下，能夠按圖索意，背誦出一些毛主席語錄，還能進行活學活用的演講，真是太有才了！葉群立即派高手幫助顧阿桃總結拔高，把她培養成了全國活學活用毛主席著作的先進典型。

我們去時，顧阿桃已是中共「九大」代表、不脫產的江蘇省革委會常委（副省級、四品大員），在蘇州地區和縣裡也兼著領導職務。她有自知之明，平日裡既不顛，也不端，穿著打扮與當地婦女無異，看上去儼然還是一位鄰家大媽。

顧阿桃對解放軍有著與生俱有的好感，不僅精心安排了我們的吃住，還親自帶著參觀了她的家。她家與周邊農戶無異，茅草屋、竹籬笆，牆上掛著大番（南）瓜，最普通的江南農村民居。印象較深的是門前屋後的幾棵樹，顧阿桃介紹說，這是葉群在洪徑蹲點時親手種的，樹苗也是她從北京帶來的。

顧阿桃的老伴坐在屋簷下修著農具，對我們的到來沒有表現出多少熱情，甚至連眼皮都沒抬一下。陪同我們的蘇州軍分區某領導透露，顧阿桃走紅以後，每天來家中參觀學習的人流不斷，有時連吃頓安穩飯的時間都沒有。這位農民伯伯的心情很鬱悶，從不給來人好臉色。甚至還對「老太婆」搞過約法三章，不准出去開會，不准出去講用，不准接待客人。今天是解放軍來了，他的態度已是相當客氣了。

接下來，顧阿桃又帶著我們去看望另一位典型人物沈玉英。需要加注的是，沈玉英是位殘疾青年，因患結核性骨髓炎並影響到腦部神經導致雙腿癱瘓。她是個初中生，當過民辦教師，在鄉下稱得上是位知識分子。當年農民學習毛澤東著作是有相當難度的（文盲、半文盲占多數），遇有問題常常登門求教。她在家反正閒也閒著，對這種活有求必應，不厭其煩。

林彪的女兒林豆豆當時也在洪涇參加「四清」運動，瞭解到這些情況後很感動，撰寫了長篇通訊《向陽花開》，以整版篇幅發表在《人民日報》上。由此，沈玉英名聲大振，成為全國活學活用毛澤東著作的標兵，被譽為「不出門的政治隊長」。

沿著田間小道，我們依次走進了沈玉英的草屋。她半躺在床上，熱情地同我們打招呼。小女兵劉慧蘭（鬼子進鎮時抱著孩子逃難的那位，復員後在江蘇如皋市法院工作）至今還記得，當顧阿桃說到這些解放軍是許司令派來慰問你的，是來向你學習時，沈玉英還調皮地伸了伸舌頭。

讓我們好奇的是，她的床上方頂梁上有個用繩子吊著的竹筒。沈玉英笑著說，她兩腿癱瘓，坐的時間稍長也痛苦，但睡下和坐起都需要別人幫忙。於是想到了裝個竹筒，中間穿過繩子，一頭固定在床腳，一頭放在床頭。有人來訪拉住繩子就可以坐起來，沒人時放下繩子便能睡下去。經常拉上拉下，既鍛鍊了臂力，也增加了坐的時間。

這番話讓我們動容，真心敬佩她的那種精神那種毅力。考慮到沈玉英的身體不好，不能太多勞累，推選小女兵徐利華為代表，恭恭敬敬地捧上筆記本請她簽字留念（我們當年也是追星族）。沈玉英在筆記本上工工整整地寫了兩行字：「向解放軍學習，向解放軍致敬！」

再去龍橋。

從蘇州到龍橋不通公路，是老鄉們用船把我們送去的。兒時就會唱，「搖啊搖，搖到外婆橋」，這回真的搖上了。一路上，水清清，天藍藍，小船穿過一座座石橋，掠過一個個村鎮，岸邊的粉牆黛瓦與浣衣村姑、挑水小夥、垂釣老翁，構成一幅又一幅動態的水墨畫，極盡江南之美。

彎彎的小船搖到龍橋時，已見彎彎的月亮了。彎彎的月亮下面有彎彎的小橋，但沒有招待所，大隊騰出了幾間公房讓我們集體打地鋪。

我們到外地演出都自帶背包，放在車上、船上就是座椅，打開一鋪就是小床。淳樸的龍橋人看到行李只有薄薄的一被一墊，心疼地要命，這大冬天的吃不消的呀！於是，緊急動員，家家戶戶送來了被褥，堆了像小山似的。我和小男兵王誠中（我的同鄉，戲中為胡傳魁結婚站崗的那位）分到了一床合蓋的大被，寶藍色的綢緞，金絲線刺繡的蟠龍圖案，其華麗程度遠勝過舞臺上的龍袍霞帔。聽說這是一位農戶為兒子結婚準備的，一次還沒蓋過。

在龍橋，實實在在地感受到了《沙家浜》中的軍民魚水情。

從龍橋回到蘇州，在招待所的院內意外地又見到了顧阿桃（去南京參加春節有關活動，提前到蘇州集中）。她手舉一本紅寶書向我們走來，邊走邊喊：「向解放軍學習，向解放軍致敬！」小女兵們簇擁了上去，顧媽媽長顧媽媽短的叫個不停。顧阿桃臉上堆滿了笑意，再次見面的搞笑形式讓她很愉悅。

離開了洪徑，顧阿桃顯得很放鬆，藍布衫外面穿了件時尚的毛線外套，話也多了些許。她告訴我們，一九六六年國慶日，在天安門上第一次見到毛主席，又是高興又是緊張，不小心帶翻了茶杯，茶水打濕了主席的衣服；黨的「九大」開幕式上，毛主席點名特邀她坐上了主席臺；她曾先後七次進京，每次都受到毛主席的親自接見，曾經和偉大領袖握過N 次手。

僅這個項目就讓我們產生崇高的聯想，毛主席的手這輩子恐怕是握不到了，握握被他老人家握過的手總可以吧！小女兵王愛華（戲中被刁小三搶了包袱還要搶人的那位，復員後在南京公安系統工作）的小臉漲得通紅，大叫一聲：「顧媽媽，我們想握握毛主席握過的手！」顧阿桃樂呵呵地伸出綴有繭花的手，「握吧，握吧，一個一個地來，今天讓你們握個夠！」

我後來聽說，林彪事件以後，有人要找顧阿桃的麻煩，許世友將軍出面替她解了圍：「顧阿桃有什麼罪？我們那麼多人都給蒙了，她一個沒文化的農村婦女，上當受騙又有什麼奇怪。」

歷史，同這位普通農婦開了個上天入地的玩笑。

從蘇州回到湯山的新營區，已是一九七一年一月二十五日的傍晚。第二天，就是庚戌年的除夕了。

四

新營區占了原湯山炮校的絕大部分地盤，房子多了去。更讓我們驚喜的是，營區不僅有個小禮堂，而且還有一個像模像樣的大禮堂，舞臺上居然還有地毯和燈光器材。我們就像曹雪芹老先生筆下的劉姥姥進了大觀園，很誇張地興奮了一番。

部隊合到了一起，宣傳隊也歸政治處統一領導。外業隊的一些文藝青年也加入了我們的行列，樂隊也增加了小號、大提琴、小提琴。軍區司令部直屬政治部那邊來了通知，讓我們為即將召開的南京軍區黨代會演出，這又是一次很露臉的事。頭頭們決心繼續打造《沙家浜》這一品牌，提升檔次，實現從草臺化向正規化的飛躍。

新任部隊長，郝姓，在軍區司令部管理局工作多年，熟悉很多軍區首長家的親朋好友。許世友有位首長的親戚在句容工作，給他提供了一條極有價值的情報：該縣揚劇團搞了個「小京班」，也排了臺《沙家浜》，飾演阿慶嫂和沙奶奶的兩個臺柱子原先是知青，嗓子好，人也漂亮，絕不亞於大劇團的名角。郝部隊長大喜，這真是剛想瞌睡就有人送上枕頭，給政治處下達一條死命令，不管用什麼方法和手段，一定要把這兩個人挖過來！

負責此事的是政治處主任（後任副政委），居姓，原先在機關當過軍區某副參謀長的秘書，辦事很有章法。為了避嫌，居主任帶了小女兵劉慧蘭去了句容，先去考察了兩位演員，核對情報來源準確與否。確認所言不虛後，轉而拜訪縣革會主任兼人武部政委蘭挺。

雲裡霧裡地大侃一番後，居主任淡淡地涉及主題，軍區要開黨代會了，指定我們的《沙家浜》為大會演出，光榮啊！但演阿慶嫂的女兵調走了，演沙奶奶的女兵身體不好（其實是女兵中身體最好的，現在還是），想借你們兩個學員臨時頂一下。蘭政委是個爽快人，聽說是給軍區黨代會演出（他也是黨代表之一），加上他的女兒也在我們演出隊（打擊樂，專司小鑼），多少礙著點情面，未加思索就同意了。

後來的事態發展，不斷地考驗著蘭政委的耐受力。先是劇團彙報，兩個學員與組織上失去了聯繫，連工資都不來領了；電話打給居主任或是郝部隊長，要不含糊其辭，要不乾脆不接；又聽說這兩個學員不僅穿上了軍裝，連應徵入伍的手續都辦了。他這才醒過夢來，平日裡自以為智商尚可，居然被看上去大大咧咧的郝某人忽悠了。

蘭挺在句容絕對是個說一不二的領軍人物，他關於抓農村工作「要牽牛鼻子」的理論體系，剛剛上了《新華日報》的頭版，居然被兩個「戰友加兄弟」暗算了，這口氣實在是咽不下去。

據說，在此期間許世友將軍到句容檢查工作，順便打個獵。蘭政委向他告狀，郝某人、居某人如何不仁不義。面對兩個部下為工作吵鬧，再說也是為了更好的為軍區黨代會演出，司令員搗漿糊了：「軍裝都穿上了，還能脫了？這樣吧，我用這吉普車和獵槍賠你。」

「我不要，我也不敢要！」老闆明顯偏心眼了，員工只能無語。

郝部隊長、居主任們很得意，成功者往往樂於對未成功者做點人性化的彌補工作，於是將蘭政委的小兒子招收入伍，並安排在他女兒所在的那個隊。

從此，風平浪靜。

這兩個學員都是「老插」，來自南京演阿慶嫂叫張佩清，來自鎮江演沙奶奶叫茅莉。她倆的加盟使我們的舞臺呈現有了新的提升。同時，這種提升也在悄悄改變著她倆的人生軌跡。《沙家浜》偃旗息鼓停之後，她倆被收藏在我們部隊的電影組，澈底斷絕了成為京劇表演藝術家、甚至擷取梅花獎的道路，也澈底告別了在句容的知青和學員生涯。

從部隊復員後，茅莉被分配至鎮江汽車站，幹點剪剪票、喊喊人上車之類的工作，不久便棄職下海，在深圳經營了一家小有規模的家族企業。張佩清則從基層書店的倉儲工作做起，一層一級，直至官拜江蘇省新聞出版局副局長，江蘇新華發行集團等三家國有公司的董事長。

為南京軍區黨代會全體代表演出的地點是軍區大禮堂。演出前，軍區副參謀張明（後任軍區副司令員，已故）隻身到了後臺，逐一看演員化裝，最後在胡傳魁面前定格，邊看邊讚嘆：「你畫的很好！」當時，張明正值壯年，也沒有隨從介紹他的身分，誰也不知道這是位大首長、全軍戰鬥英雄。吳沛良動也沒動，連正眼也沒瞧他，且畫且回答：「不好、不好，上次畫的比這次好！」這句話後來成為偽謙虛的搞笑版，在宣傳隊圈中流傳一時。

演出還在繼續，級別越演越高。軍區司令部直屬政治部把我們留在了南京，長住軍區第三招待所（現華山飯店）四十九號樓，以軍區司令部宣傳隊的名義到各部隊演出《沙家浜》。

戲演多了，熟了，也就油了。錯詞、漏詞、笑場的事時有發生。印象頗深的一次，是在蘇州開明大戲院的演出。郭建光與葉排長撐著滿載稻穀的小船上場時（那時沒有軌道、電動裝置，是人工拉的），撕破了劇場的條幕。演郭建光的邵洪波有點走神，隨口下達指示：「葉排長，把沙奶奶藏到屋後的水缸裡堅壁起來。」演葉排長的盛效模楞了，眨著一雙美麗的大眼睛，這詞怎麼接法，急中生智，「指導員，我們還是先藏稻穀吧！」「好吧，先藏稻穀，再藏沙奶奶！」這番對話讓後臺笑倒一片，也讓臺下的觀眾議論紛紛，「樣板戲又改了？」

再說說我學演《沙家浜》的革命歷程和歷史地位。最初的海選，給過我一個飾演刁小三的機遇。無論王導如何循循善誘甚至以身示範，一個上午還是沒能把包裹搶下來。落選後，給了我一個安慰性角色王福根，身分是沙家浜基幹民兵。

很快，我就加深了對「塞翁失馬」這句成詞的理解。王福根雖然沒幾句臺詞，但大小也是個正面人物，每次上場穿著一身類似於《紅燈記》上李玉和赴刑場時的行頭，傷痕、血衣、鐐銬一應俱全，最終在高呼口號中英勇就義。我們這臺《沙家浜》演了一百多場，我也「壯烈犧牲」了一百多次，真可謂「百死一生」。同時，我在戲中還客串新四軍傷病員，是翻魚躍、打虎跳、走出場的主力。更重要的是，下部隊演出進入營區後，每每都是鑼鼓喧天，官兵夾道迎送。此時的刁小三們只能蜷縮在汽車裡看著我們神氣。

批林整風期間，南京軍區舉辦了幾個學習班，清查與林彪有牽連的人和事。海軍東海艦隊的學習班，是在我們部隊的營區內舉辦的。

學習班放在教導隊那幢小白樓裡，戒備很嚴，對外全封閉。參加學習班的人員不准向外通信、打電話，也不准與營區內的部隊官兵交談。伙食卻出奇的好，每天從南京或句容拉回來的雞鴨魚肉，讓我們這些吃普通灶陸軍很眼饞。

封閉歸封閉，還是有消息從學習班內傳出來。最吸引耳朵的是有人哭鬧、有人逃跑、有人上吊什麼的。不論是否屬實，緊張氣氛是可以想見的。

學習班結束前，接到上級指示，為學習班演出一場《沙家浜》。部隊領導很重視，將服裝、佈景全都出了新，要求宣傳隊圓滿完成這次光榮的政治任務。

經過一年多的勤學苦練，我們的基本功大有長進，我和楊寧軍、王濤（飾送年糕的阿福，復員後在南京某設計院當院長，現在是一家民營公司的老闆）等幾個，已經可以翻出場（就是翻跟頭）進牆，奇襲漢奸胡傳魁的家了。為安全計，每次都會在牆後擺著厚墊子，還有幾位不上場的演員候著，在我們進牆落地時（大都站不穩）攙扶攙扶。

輪到我翻牆時，發生了類似某某運動員在倫敦奧運會上的悲劇，由於起步過早加上沒有空中調整的能力，落地時一下子將牆的景片砸倒了。站在牆後為新四軍戰士保駕護航的我方沙奶奶和敵方劉副官等人暴露無遺，慌忙向側幕方向撤退。

霎時，禮堂裡爆發出一陣哄笑，這是學習班的海軍官兵們第一次發自內心的笑聲。

這也是我們演出的最後一場《沙家浜》。

五

我在中共江蘇省委宣傳部工作期間，主要負責省文化藝術發展基金會的籌建和日常事務（副秘書長），同時兼任江蘇省文化藝術活動中心總經理，組織了一些文化交流演出活動。其中的中國少數民族風情藝術節、中央交響樂團新年音樂會、解放軍總政歌舞團魚水情晚會，美國拉斯維加斯藝術團、以色列巴特多爾現代舞蹈團、法國里昂交響樂團等的演出，收到了很好的社會和經濟效益。

手上有錢了，就騷包起來，想做點自己想做的事。在我的審美範疇裡，對樣板戲的理性忘卻始終替代不了感性喜歡。研討或聲討這個特殊的文化現象，自有感興趣的人們去做。就我而言，那些戲只不過是青蔥歲月的流行文化而已，就像現在的粉絲喜歡周杰倫們演唱的歌曲一樣，好聽、過癮。那些唱腔、那些音樂已經輸入大腦並自動生成了程序，沒有理由也沒有必要格式化。

第一個搬上南京舞臺的是上海京劇院的《智取威虎山》。

最初的策劃是請樣板戲的班底，院方告知飾演少劍波的沈金波身患重病，飾演楊子榮的童祥苓提前退休開起了小飯館，飾演小常寶的齊淑芳也到大洋彼岸去了。一句話，不可能的。退而求次，能否讓童祥苓重上舞臺？院方答覆還是一句話，不可能的。最終的方案是，童祥苓作為我們主辦方邀請的客人來南京出席歡迎酒會，吃完飯走人，不介入演出。

酒會上，儘管童祥苓處處低調，卻大出風頭，媒體全部聚焦在這位當年的楊子榮身上。有位省屬國企的領導當場宣布，捐贈一臺自產的品牌空調（當年屬於奢侈品）給他。經再三邀請，童祥苓清唱了原汁原味的「打虎上山」，激起全場一片喝彩和掌聲，也為上海京劇院的南京首演做了個大大的廣告。

首戰告捷，我又和省有關演出管理部門合作，將中央芭蕾舞團的《紅色娘子軍》、錢浩梁（當年演李玉和的浩亮）的「京劇折子戲專場」，先後搬上了南京的舞臺。記得修改《紅色娘子軍》的演出宣傳通稿時，我信手加上了「紅色經典」四個字，原本是為了吸引贊助企業以及觀眾眼球的，沒想到這個不盡準確的專用詞，後來被廣泛運用在與文革有關的文化活動和文化產品中（現已延伸到戰爭年代）。

為紀念新四軍東進五十週年，我又組織策劃了一個以演出《沙家浜》為主要內容的系列活動，放在「養傷來在沙家浜」的常熟和「揮戈東進把敵殺」的泰興分別舉辦。我分別向新四軍研究會的會長傅奎清（南京軍區原政委）、韓培信（江蘇省委原書記、常熟解放後的第一任縣長，已故）彙報了活動的主旨和安排，兩位首長欣然同意並連袂赴常熟出席了紀念研討座談並觀看了演出。更有意思的是，還邀請了「郭建光」的原型之一夏光老首長重返陽澄湖。

這個現實版的郭建光是沒有爭議的。一九八二年五月，中顧委副主任譚震林在南京召開的華東七省市黨史工作會議上說：「《沙家浜》的鬥爭故事是真實的，郭建光現在就在臺下，他的名字叫夏光。」

夏光是位一九二七年入黨的老革命，抗戰爆發後，他隨葉飛率領的江南抗日義勇軍東進到蘇常太地區，開展游擊戰。一九三九年九月，大部隊西撤後，在陽澄湖一帶留下了一批革命火種，即後來人們熟知的「三十六個傷病員」，夏光就是其中之一。

二〇一二年一月二十二日，夏光在南京逝世，享年一〇四歲。按照生前遺願，他的骨灰被安葬在沙家浜風景區的傷病員之墓。

我們的《沙家浜》有較好的口碑，得益於排練時得到過江蘇省京劇院的大力支持。在我們的眼中，該院當年的那臺《沙家浜》，決不輸給樣板團（有感情分）。考慮到該院後來幾乎沒有演過這個戲，服裝、道具、佈景已殘缺不全，我資助他們把戲重新豎了起來，由梅派傳人黃孝慈（兩次榮獲中國戲劇梅花獎，已故）領銜主演阿慶嫂。此劇在常熟演出時，該市文化局長蔡焜（後調任蘇州評彈學校校長）告訴我，他的電話打爆了，全是要票的。

這臺《沙家浜》又揮師東進，沿著新四軍當年走過的道路，渡江來到蘇中的泰興。該市市委朱副書記（後任該市市長）親自調度票務，三場演出，全部告滿。時至今日，這個戲作為省京劇院的吃飯戲，仍經常上演。

策劃組織這些活動，原本是準備貼錢買熱鬧的，沒想到時隔多年後仍有眾多觀眾捧場，內心有點小得意，出發點和落腳點形成了共振。舞臺看似有情其實無情的很，有玩藝兒的不管過了多少年，挨過多少批，依舊有觀眾好這一口，依舊有票房；沒玩藝兒的不管獲了什麼大獎、評為什麼精品，進了什麼工程，到頭來還是桃花流水杳然去，與觀眾漸行漸遠，湮滅在自戀的雲水之間。

二〇〇八年，教育部對九年制義務教育階段音樂課程標準進行了修訂，增加了有關京劇的教學內容，並在十個省市各選二十所中小學試行「京劇進課程」。在專家委員會確定的十五首教學曲目裡，有九首為樣板戲經典唱段。

消息見報，引起議論紛紛，褒貶不一，貶者多於褒者。作為旁觀者，我的感受是這個圈圈的閒人多了去，無事生非。中小學生學唱幾段京劇唱腔，當然應該從易學易唱入門。《夜奔》、《坐宮》這些唱段好是好，但不是大多少年兒童能夠消費得起的。與其讓孩子們學演《西廂記》中拉皮條的紅娘，還不如學演《紅燈記》中的革命後來人李鐵梅。入選的這九首唱段我也熟悉，哼了幾十年也沒有對信仰、情懷等等產生過半毛錢影響，就是消遣而已。

早在若干年前，江蘇省京劇院的著名演員沈小梅老師（京劇大師梅蘭芳的親傳弟子）曾在南京的一些中小學內，開展過「培養京劇觀眾接班人」的活動。讓孩子們在課餘時間，學唱一些京劇唱段，瞭解一些京劇的常識，從而培養對京劇的興趣和愛好，很受學生和家長的歡迎。我們基金會的副會長潘震宙（時任省委宣傳部副部長兼省文化廳長，後任國家文化部副部長等職）得知後，要求我安排專項資金對這項活動給予支援。

沈老師和省京劇院為此成立的輔導部同仁們，在選擇曲目時沒有排斥樣板戲的唱段，也引發了一些非議。潘部長在聽取我的彙報後說：「我們資助的是一項對孩子們健康有益的文化活動，這是主體。幾段唱是唱不垮一代人的，中國人應該有文化的自信！」

「中國人應該有文化的自信！」這句話，是潘震宙二十多年前說的，很具前瞻性。

二〇一五年，是我們的《沙家浜》劇組成立四十五週年。在包括我在內的部分戰友籌畫下，當年的宣傳隊員從各地雲集南京，重新聚首。雖然時隔近半個世紀，大家有了後來的若干個工作單位、同事朋友。但在情感深處，仍忘不了那個青蔥年代，那是我們人生中可憶而不可及的似水年華，沒有功名利祿的逐力，沒有油鹽醬醋的塵擾，有的不過是彼此間不加設防的率真和對未來懵懵懂懂的嚮往。

就像兒時的「過家家」，我們之間也有親疏，也有好惡，也有圈圈。誰跟誰好過，誰跟誰鬧過，這些當年非常嚴肅的主題，早就被如箭的光陰進化為心底一段溫馨的記憶，一抹五彩的陽光。

記得在南京的宣傳隊兵哥兵妹們聚會時，曾議到重演《沙家浜》，複排全劇不可能了，哪怕是劇中一兩折戲，大夥兒再玩一把。由於當時都在崗位上，還有一些人在外地工作，人員集中和時間調度上有些困難。後來，有近十位戰友騎鶴仙遊，這個動議沒有了實現的可能。想想很遺憾，心裡有點酸，我們的人再也聚不齊了。

當年戲中的衛生員小凌劉偉偉，在微信上建了個「沙家浜劇組」群，失聯多年的戰友們紛紛進入或被拉入。互聯網顛覆了時空，讓爺爺奶奶外公外婆輩的一幫人，重新回到了那個青年時代，重新回到了那個青春群體。話還是那麼直率，人還是那麼親近；談論了多少遍的舊事仍不覺枯燥，重複了多少遍的故事還繼續保鮮。

恍然間，四十七年過去，一切彷彿還是昨天。

陸　我的革命大學

解放軍是個革命大學校，
毛澤東思想紅旗舉的高。
戰鬥隊、工作隊、生產隊，
敢把重擔肩上挑。
學政治、學軍事、學文化，
文武雙全幹勁高。
軍訓軍農軍工軍民，
軍隊人民打成一片。
積極參加無產階級文化大革命，
滅資興無，革命紅旗滿天飄。

這不是口號，這是一首歌的歌詞，取材於一九六六年五月七日毛澤東寫給林彪的一封信（《五・七指示》）。

可以斷言，上世紀七〇年代前後入伍的老兵，沒有一個不會唱這首歌，受眾面絕對超過現在的任何一首流行歌曲。為了核對歌詞，我找到了一張老唱片（中央廣播文工團版），當大合唱的歌聲響起，思緒霎時被牽回四十多年前。

一

我們部隊的專業性很強，是由穿軍裝的工程師、技術員為主要成員合成的部隊。具體到我所在的那個野戰制印分隊，就是一個迷你型印刷廠。彩色印刷所需的照相、修版、製版到印刷的各種設備，全部安裝在「解放牌」工程車上，以便戰時隨軍區機關行動，打到哪，印到哪。

我的崗位是印刷，說白了就是一個穿軍裝的印刷工人。剛到組裡時，我的啟蒙老師是位從部隊測繪院校畢業的老同志，胡姓，廣州人。他當時正琢磨著儘早轉業回家與老婆團聚，恨不能把渾身解數儘快傳給我。

在封閉和狹小的車廂裡，圍繞著一臺四開單色膠印機，我開始了軍中學徒生涯。數紙、抖紙、切紙、調墨、裝版、送紙、對色、調距、控水、開印、上膠、卸版等諸多工藝，花了個把月就悉數拿下。當時自以為了不起，印刷不就是這點事嘛。隨著革命實踐的深入，方知不過學了點皮毛而已。

剛入伍時，還是「政治可以衝擊一切」的氛圍。政工幹部強調「天天讀」雷打不動，軍事幹部強調「要準備打仗」，要求部隊掌握過硬的軍事測繪技能。軍政幹部發生矛盾時，「寧左勿右」成為普遍流行的行為準則，以免被戴上「單純業務觀點」的帽子。

林彪事件以後，部隊從一個極端走向了另一個極端，開展了各種形式的大練兵。不知是上面的精神，還是哪位領導的奇思妙想，要論證一下官兵在戰爭環境下的人體生理極限。演習導演組提示是，想像中的反侵略戰爭已經打響，指戰員要全力以赴完成戰區測繪任務，各工序不得休息，不准睡覺，白天黑夜連軸轉。

第一天，正常，夜裡吃到熱氣騰騰的宵夜，感覺上還挺新鮮、挺好玩。第二天，弟兄姐妹們開始面呈蒼白狀，吃嘛不香，走路發飄。第三天，營區內除了幾聲狗叫聲，死一般的寂靜，人們連說話的氣力都沒了。

在印刷機前熬了三天兩夜，我的眼瞼肌肉和神經像壞死了似的，沉重地閉合在一起，用手都扒不開。我實在抵抗不了這種人體生理極限的折磨，所謂的自然應激力量也不見爆發出來，鬼使神差地爬進了切紙機旁的紙邊箱裡。蜷縮在潔白、細長的紙邊裡，像睡在白天鵝的羽絨中，我的每個毛孔都透著幸福和滿足。

好像還沒睡上多久，就被組長于廣金（轉業後在江蘇人民出版社工作，已故）弄醒了。我不在印刷機旁，老于開始沒介意。演習結束了還不見人影，玩起了失蹤，他感到了事態的嚴重性。「活要見人，死要見屍」，他帶著幾個弟兄，找遍了宿舍、廁所、食堂、操場、俱樂部，最終在紙邊堆裡將我翻了出來。

我還沉浸在睡眠的快樂中，哀求再睡一會，就一會。困翻天的老于滿腔怒氣：「別睡了，你他媽的這覺已經睡了整整十個小時，老子為了找你，到現在還沒合眼呢！（這才叫做戰友深情）」

一九七四年，我二十歲，被提升為測繪員（正排、行政二十三級）。管著我們部隊業務的軍區司令部測繪科（處）的蔣科長，聽說後隨口說了句：「這樣的兵，也能提幹？」其實，蔣科長對我並無成見，他是認為我的業務技能不行。當兵三年多，演樣板戲在外面晃了一兩年，回中隊又當了文書，業務好不到哪裡去。此話傳到中隊，頭頭們感受到了壓力。

姚松林副中隊長（曾任隊長，轉業後在南京軍區政治部印刷廠工作）是印刷出身，也是我們這個崗位的老大。我能較早提升為幹部（這個環節決定了人生的走向），也得益於他的強力推薦。他曾把我當作野戰制印的行業接班人加以重點培養，不希望我成為政工幹部中的一員。為了幫我「收心」，增加業務技能的理論基礎，逼著我抄寫了兩本有關印刷的書籍，至少有五十萬字。

聽到傳言後，老姚向中隊黨支部提議，讓我帶兩個戰士到南京軍區政治部印刷廠（當時該廠的彩色印刷技術全省最棒）求師學藝。由此，我得以到南京「惡補」了大半年，也算是半個科班出身了。中隊的領導集體面對壓力，善於變通，真有點「說他行，他就行，不行也要設法讓他行」的大智慧。

我們部隊雖然專業性很強，但畢竟是個部隊。摸爬滾打可以忽略不計，出操、站崗、緊急集合、野營拉練等軍事科目，還是中規中距的。問題在各級領導大多是業務幹部出身，兵孬孬一個，將孬孬一窩，要他們帶出「軍事過硬」的隊伍，永遠是努力奮鬥的目標。

馮強（時為十一中隊戰士，復員後在南京土地管理部門工作）在戰友群中所發的帖子，可以佐證我這個不討人喜歡的觀點：「在戰備演習（背景交代了）的高潮中，一天，晚上十二點多鐘（時間半夜了）輪到本人站崗。在桃樹下，百般無聊的我鬼使神差地將五發子彈壓入了彈倉（違反規定了），然後單肩背槍在營區溜達。右手閒著無聊，撥弄扳機邊上的保險，哪知一不小心竟然撥到了扳機上。『砰』的一聲巨響，子彈從我右耳邊呼嘯而過，走火啊（闖下大禍了）?! 頭腦一片空白。」

「當時，路對面的野戰部隊反應極其快，營區頓起喧嘩，可以說是雞飛狗跳，到處是電筒掃射的光柱。而我們的營區，很長時間沒有一點動靜……」

人比人，氣死人。部隊比部隊，有時也會氣死人。

提起站崗，是基層官兵多年抹不去的記憶。有句流行語：當官不當事務長，站崗不站二班崗。事務長這個差事，官小事多，加上眾口難調，伙食（在正常情況下）是永遠搞不好的。所以，在我們部隊裡，有業務專長的絕不肯也不會當這個吃力不討好的官。二班崗指的是正數、倒數第二的那兩班崗。如果這二班崗有「消息記錄」，點擊後看到的只有兩個字：鬱悶。

鬱悶是有緣由的。前二班崗是做夢剛開了個頭就被叫起來，迷迷糊糊，似醒非醒，鬱悶；後二班崗是下崗以後，只有一個多小時就要出操，睡也不是，不睡也不是，鬱悶；到了冬天還有冷暖被窩的巨大落差，那就更鬱悶了。還有非常非常鬱悶的是，當兵要站崗，當了官還要站崗，這也是具有我們部隊特色的站崗道路。

當時，基層技術幹部除了軍裝多了倆口袋、工資多些人民幣以外，在站崗、值日、幫廚、出公差等外勤內務上，與士兵享受同等待遇。特別是在站崗上，連組長、副組長也一網打盡，全部列入輪崗序列。前面說到的組長老于，一九六五年入伍，一九八八年轉業，始終幹的是技術活。因此，他從軍二十多年，站崗也站了二十多年，提起此事就憤憤不平：「我兒子、孫子的崗，都讓老子提前代站了！」

還有一件站崗的事讓我難忘。一九七一年的中秋節，我與同組李姓士兵在營區後門站崗。那時沒有霧霾，月亮很大、很亮。我白天剛剛填好入黨志願書，情緒很好，與他有一句沒一句的閒聊。他的話題不時在白天發的兩塊月餅上發酵，漸漸讓我產生了共鳴，一吃解百饞。

當時部隊裡有個約定俗成的規矩，叫做新兵吃老兵，戰士吃幹部（聽說現在反過來了）。我比他早當一年兵，理應由我請客，於是悄悄潛回宿舍取來月餅，在如水般的月光下，一人一塊瀟灑了一回。

早晨出操歸來（事隔不到四個小時），我正哼著愉快的歌兒走向盥洗室時，被分隊長（邱姓？溫姓？記不清了）叫到樓道下審問，夜裡是不是擅自脫崗，而且還吃了月餅？表情之嚴肅，口氣之嚴厲，前所未有。

我的第一反應是內部出叛徒了，分隊長點的這兩條都犯了哨兵的大忌（脫崗和進食）。不待嚴詞逼供，便一五一十地從實招了。他聽後面露詫異（可能與舉報情節有出入），悻悻地說了句：「在關鍵時刻出洋相！」

事後有人告訴我，那位仁兄是因我未滿十八周歲就填了黨表，心裡有點抹不直（誰不知道入黨好），所以出了這招臭棋。為此，我被不點名的批評了一次，入黨也被延期了數月，感到很受傷。記得初讀《菜根譚》時，摘錄了一些「寵辱不驚，閒看庭前花開花落；去留無意，漫隨天外雲卷雲舒」這類的漂亮文字，順手也記下了「害人之心不可有，防人之心不可無」這些大白話。吃了苦頭，總算悟出還初道人的這句話，比他的那些華麗詞藻實用的多。

讓我經常自嘲的是，雖然理論上提升了，但後來在相同的地點還是跌過不少相同的跟頭，本性難移也。

二

我們部隊移師原南京湯山炮校以後，硬體大為改善，軟體還是它對它。尤其是四毛二一天的伙食費，不僅不能滿足我們腸胃的多種需求，而且與居住的優美環境不太匹配。各單位「不用揚鞭自奮蹄」，展開了轟轟烈烈的小生產運動。

解放軍從事農副業生產有著天生的遺傳基因。偉大統帥的家庭出身是農民，共和國的開國將領絕大多數是農民。其實，中國人往上數三代大多是農民。

我在南京軍區司令部辦公室工作期間，牽頭負責四十多位大軍區副職以上退居二、三線老首長的秘書保障工作，經常到首長家走動。時間不長，就發現了一個普遍現象。

首長們居住的大多是沒收或託管的國民黨軍政要員的花園洋房，還有一些前朝的外國使領館用房。房子還是那個房子，花園卻變了樣，無一例外地改造成了菜地。家家院內雞鳴狗吠、果樹飄香、瓜果滿棚、蔬菜滴翠。這種類似農家大雜院的生活氛圍，折射出他們的審美情趣，還原了他們的將軍本色。

基層官兵也大多來自農村。戰爭年代尚能在南泥灣開個荒，種點農副產品（鮮花開滿山），追求自己動手，豐衣足食。和平時期穿著軍裝養個豬、種個菜，那是再自然不過的事情。各單位每年接收新兵時，大多喜歡農村兵（從農村入伍），現成的勞動力，來了就上崗。

我入伍那年，兄弟中隊分了一批城市兵（從城市入伍），中隊長一看，小屁孩嘛，農活誰來幹？立即到隊裡死纏爛打，也只換到了一個農村兵。那個被替換的城市兵分到了我們中隊，和我同在一個組，後來成了製版工序的業務尖子，農活幹的也很棒（復員後自己開了個公司，生意做的也很棒）。

我們組也分到了幾分地。農業科技類工作譬如選種、育苗、澆水、施肥什麼的，由農村兵為主操作；城市兵的主打項目是翻地和挑水，當然也包括挑糞。

我那時身高一・六米，體重四十五公斤（有體檢表為證），屬需鍛鍊人員。翻地時，手上的水泡常常是前一個未平，後一個又起，「舊傷痕上又添新傷痕」（京劇《杜鵑山》中柯湘同志語錄）。挑擔子則把兩個肩頭都壓出水蜜桃似的新肉來，紅彤彤、亮晶晶，煞是可愛、可憐。到後來，這些粗放型農活全部搞定。挑起兩隻與我體重相近的糞桶，雖不能健步如飛，但也是穩穩當當，不會濺出半點貨來。四季豆如何搭架、番茄何時打頭、包菜怎樣捆紮之類的精細型農活，也掌握了十有八九。

我在迅速縮短老百姓與軍人距離的同時，也在迅速縮短軍人與農民的距離。身體發育定型後，我的身高比弟弟少了幾公分，無疑應當歸功於當年的那根扁擔。現在如果還搞憶苦思甜，我一定會把這件事拎出來說說。

當兵第一年，部隊駐在南京江浦的花旗營。由於我們是新建中隊，一窮二白，冬天頓頓吃的都是兄弟中隊捐贈的空心蘿蔔和飛機包菜（呈散狀型的包菜），以致我較長時間聞到這兩種菜的味道就胃泛酸水。

當兵第二年，部隊搬家到湯山後，菜地面積大大擴容。弟兄們通過流血流汗的小生產，終於換來了咀嚼的快感和腸胃的滿足，炊事班的每週菜譜成了一道吸引大眾眼球的風景線。

青菜豐收了，每週能吃上兩次菜肉包子。一位來自鎮江的小女兵，劉姓，拳頭大的包子一頓吃了十六個，創造了我們部隊女兵吃包子的迪士尼記錄。毛豆豐收了，從炒毛豆米吃到煮毛豆莢，再吃到豬骨豬皮熬黃豆。逢年過節有豬可殺了，除了大碗吃肉，還有一兩頓放開肚皮甩吃的水餃大餐。平常人氣最旺的湯桶不再是清湯寡水，內容逐步豐富起來，諸如「勺子沉到底，慢慢往上提」「心裡不著慌，保證不喝湯」的實戰攻略得到了普遍推廣。

我在中隊當文書期間，特別喜歡到炊事班幫廚。兒時，外婆包個水餃、擀個麵條什麼的，我總是想方設法要個小麵劑子玩玩，不把白麵盤成黑炭決不罷休。現在可好了，滿盆的白麵隨便捏。我學會了擀皮子、包包子、包餃子、包糖三角，學會了用手掌揉出圓饅頭。還有個從未透露的小祕密，我那時酷愛吃雞皮，每當吃雞湯麵條時，炊事班的弟兄們總會悄悄留下一碗雞皮，伴以麻醬油和蔥蒜薑，讓我在儲藏室裡獨自享用。

在忙碌自留地的同時，我們還要做義工，每逢收穫季節到附近生產隊當幾次「稻客」和「麥客」。說起來當然是魚水情深，不幫鄉親們割上幾把心裡過不去；其實也是為了完成指標，每年助民勞動的多少人多少天多少量，是要逐級填表上報的。

南京軍區司令員許世友在司令部下屬的西村農場，進行過一次多穗高粱和地瓜下蛋（書面語叫再生高粱、下蛋地瓜）的種植試驗。多穗高粱是從海南島引進的，這個新品種是高產作物，畝產可達一千公斤，高粱稈可以緩解燒柴問題，衍生產品還有餵豬、釀酒。地瓜（又名紅薯、山芋、甘薯等）下蛋就是把地瓜直接埋到地裡發芽、生蔓、結果，也叫做種窩瓜。

我們部隊距西村農場很近，也跟著湊了一年熱鬧。大隊的卡車像定點班車似的，輪流把各個中隊的官兵拖來拖去。先是去撿石塊，要求三十釐米深的土壤裡不能有一塊石頭；過些日子再去撒化肥，一包包當時很罕見的進口（好像是日本的）尿素，白似綿糖，晶瑩剔透，被一捧又一捧地撒到高粱根下、地瓜坑裡，讓人想起范仲淹老夫子「羌管悠悠霜滿地」的名句。

收穫時，有個戰士刨出個將近十公斤重（十九．五市斤）的大地瓜，一下子轟動整個農場，大夥紛紛圍過來看稀罕。這只地瓜確實令人稱奇，長得比人的腦袋還大，就像常見的地瓜在電腦上被放大了N倍一樣。

最激動的當然要數農場的那位主任，被陽光曬得黑棕色的臉上不停地滲出汗水。他圍著大地瓜轉圈圈，嘴裡還不停地嚷嚷著：「我們向許司令報喜了，他馬上就來！」

不一會，許世友真的來了，隨行的還有軍區副參謀長周志堅（後任南京軍區顧問、已故）、鐘發生（後任南京軍區司令部顧問、已故）。老將軍手捧這個特大地瓜，滿臉喜悅，兩眼放光，口中念念有詞：「要地瓜不要傻瓜，要地瓜不要傻瓜！」

我們的郝部隊長（後任南京軍區司令部管理局副局長），此時也興奮地舞動著雙手，跟隨在許世友的前後，用地道的膠東話高聲說：「許司令呀，你種的地瓜真大，俺從來莫見過這麼大的大地瓜！」話音剛落，只見許世友把眼一瞪，硬梆梆地回了五個字，「不要吹牛逼！」

郝部隊長毫無窘狀，繼續很實誠地笑著。他出身於華野九縱，跟著許世友從膠東到南京，早已習慣了首長的這種冷幽默。

許世友將軍在自家院內，也進行了多穗高粱和地瓜下蛋的試種，刨出個九公斤多重（十八．五斤）的大地瓜。許世友高興極了，讓人分別寫上了斤數，然後抱著倆地瓜，像抱著倆孩子似的拍了張照片。並把倆地瓜擺在會議室裡，誰見誰說，誰見誰誇。他的秘書李文卿（後任解放軍國防大學政委、上將，已故）在《走近許世友》一書中說，許世友後來派人把大地瓜運到北京，經葉劍英帥送給了毛澤東。

這一年，高粱和地瓜都獲得了大豐收。高粱收下來沒人吃，只好釀酒，於是西村農場又多出個酒廠，推出個「土茅臺」的品牌，飲譽軍區部隊。地瓜確實下了「蛋」，挖起來一串串的，一窩就是十幾公斤。

根據許司令員的指示，凡是參加過勞動的部隊都有份，派車拖回來不少。各中隊象徵性地吃了頓把（化肥餵大的，沒有地產的小地瓜好吃）就不見了蹤跡，估計都被偷偷餵了豬。

三

我們這批兵的文化不大，填表時寫個初中文化程度，實際上都是小學本科（在讀時間有兩年被運動佔用），有的甚至小學都沒有讀完。在讀書的最好時光沒能好好地讀書，是我們這代人最大的遺憾。

讀書，一度成了我業餘文化活動的單一選擇（選項本來也不多）。部隊在機關大樓設了個圖書館（閱覽室），是電影組的姐妹們管著，因為是熟人，書可以借回去看。當時讀書沒有方法，也不求甚解，加上能看到書太少，不長時間就把上架的圖書掃了遍。印象最深的，我借的最後一本書是《資本論》，一本從未被人借過的書，一本根本看不懂的書，看不懂也看。

一九七三年，我被調到中隊當文書，擁有了一間單獨的辦公場所（軍械室），為看書提供了便利的時空。我母親所在的揚州圖書館有一種流動書箱服務，免費為工農兵送書上門。在我的積極撮合下，我的中隊成為他們服務的一個點，每隔三個月以新換舊。無論是我們去，還是他們來，我都可以借機「走私」一批書箱以外的書籍，從此貨源充足，管道暢通，讓我偷著樂得不行。

當年，省市級的新華書店設有「內部書籍」專櫃，憑介紹信入內購書，公章越大，擇書的「反動」級別越高。我的戰友秦志強（後任軍區某兵種倉庫政委，轉業後任江蘇省絲綢集團有限公司、江蘇蘇豪控股集團有限公司副總裁等職）酷愛讀書，是個「骨灰級書癡」。他居然憑著一副令人產生信任感的嘴臉和絕對具有殺傷力的微笑，在沒有一枚公章的前提下，橫掃了江蘇、安徽的大小書店。他曾帶我去過南京、合肥、六安等地的新華書店，進門直奔「內供」專櫃，每處都有僅限知道姓什麼的熟人，購書不分級別，想買啥就買啥，讓我佩服的要命。

揚州是我的「樓臺」，理當「得月」。每次探親回家，我總要通過父母的人脈，到各個書店裡轉轉。最讓我著迷的是揚州古舊書店設在渡江路一個巷內的內部書庫，大量市面上根本看不到的回購書籍，像士兵排列在書架上，靜候著我的檢閱。更讓人愉悅的是，買這些二手書就像買青菜蘿蔔似的，價格低的不是事。

這段時間，是我軍旅生涯中學習最勤奮的日子。從英國的工業革命到美國的獨立戰爭，從蘇聯的軍事小說到中國的古典名著，從黑格爾、普希金到范文瀾、郭小川，幾乎都有涉獵。書中有很多不認識的字，一本內部發行的《現代漢語詞典》被我翻得滿目滄桑。

開始，熱衷於書中的華麗詞藻和格言、警句，摘錄了大半本工作手冊。讀著讀著有了提升，詞彙、情節被忽略了，開始與作者同喜同悲，關注起書中人物的命運。再進步就是「挑食」了，合口味的一看再看，不合口味的撂在一邊。

讀書也有煩惱，最大莫過於被人發現。我上班時間躲在軍械室裡偷偷看書，採取了自以為嚴密的保護措施。待看的書放在彈藥箱的下層，只要不點驗誰也不能碰。正在看的書放在兩抽桌的抽屜裡，來人合上抽屜，蹤跡全無。

一天下午，我正在複讀《紅樓夢》（後來聽說毛澤東指出此書不看五遍沒有發言權），敲門聲驟起，傳來馮副指導員（就是曾經幫我遮掩過發音有誤的那位）的聲音。我一時慌亂，連忙開門，忘了合上抽屜。

老馮本為其他事而來，意外發現了抽屜裡的祕密。就在我急切調動腦細胞編造說詞時，他拿起書翻了翻，輕輕說了句「借我看看」，根本不待我同意就夾著書（一套四本）揚長而去。當時，我和中隊領導們同住一間集體宿舍。從這天起，每晚他的被窩裡不時會透出些許手電的光亮。

馮副指導員祕密很快被裘副中隊長發現了，他倆達成了什麼交易我不清楚，只知道老裘的被窩裡很快也有了亮光。兩位中隊領導對書的保管風格大相徑庭，馮是小心翼翼，一步一鎖；裘是大大咧咧，書就放在辦公桌上，直至被隊領導發現，在某次會議上挨了教導員一頓熊：「個別中隊領導偷偷看《紅樓夢》，這還了得，這是吊膀子的書（《許世友將軍語錄》）！」

還有一件關於書的舊事。一天，女兵分隊的一個團小組長找我，說她們組有個女兵，黃姓，偷偷看黃色小說。團小組要開會對她進行幫教，希望我與會並發言（我當時好像是中隊團支部副書記或委員什麼的）。

到了小組會上，讓我大失所望的是，所謂黃色小說，竟是英國女作家伏尼契的《牛虻》。讓我大跌眼鏡的是，平常文靜柔婉的小女兵們，窩裡鬥時伶牙俐齒，火藥味極濃。讓我忍俊不禁的是，牛虻這個革命黨人的名字，被她們當中好幾個人用來與流氓（諧音）劃了等號，革命戰士怎麼能看流氓呢？這可能也是她們認定此書是黃色小說的依據。

在小說裡，亞瑟向神父懺悔自己的嫉妒心時，無意中洩露了革命活動的祕密，引來了是非。黃女兵是專注於閱讀的快感而疏忽了防範，無意中洩露了讀書的祕密，也引來了是非。面對那個內心應該受了點傷的黃女兵，我實在不忍心再撤把鹽。她犯的那點事，與我和正在傳閱《紅樓夢》的中隊領導相比，絕對不在一個檔次。於是，匆匆把會散了。事後，那個團小組長還告了我一狀：「文書沒有原則性，開會竟然不發言！」

用「癟大水準高」來形容我們部隊的文體活動，一點也不過分。由於場地標準，設施齊全，各路英豪都有用武之地。乒乓球、網毛球、排球、籃球、足球以及游泳，田徑，都有像模像樣的隊伍，還經常組織中隊與中隊、隊與隊、我們部隊與兄弟部隊的比賽。部隊還組織過全運會，我們中隊陰盛陽衰，女兵拿了好幾塊金牌，男兵鎩羽而歸。

我很快樂地廝混在其中，平時玩玩還是有份的，到了中隊級別以上的賽事，大多連板凳隊員的資格都沒有。唯有一次出線的機會，是中隊參加四百米游泳比賽，運動員三缺一，擬從我和司務長谷家強（轉業後在江蘇省交通廳工作，現在辦了個與交通有關的科技公司）之中選拔一個。下水後，我劈波斬浪，奮勇向前，自我感覺像個運動員似的。沒想到，我的賽程剛剛過半，谷家強已經快到終點了。他的游泳動作看上去不太規範（狗扒式），但效率極高，速度很快，很輕鬆地將我淘汰了。

武的不行，咱就玩文的，讀書多了自然會有回報的。

當時每個連隊都有「三大組」（演唱組、報導組、版報組），是小作家、小畫家、小表演藝術家的集散中心。

業餘報導組以向報刊投稿為天職，以報刊採用稿件多少為政績。剛起步時不懂怎麼發動，不是在發稿蓋章時（當時投稿需所在單位領導簽署「情況屬實」，並加蓋公章）被熄火，就是到了報社被剎車，十次掛檔十次錯，十網打魚十網空。

印象很深的是，有次在大操場上看電影，加映了一部紀錄片，說的是數學家華羅庚發明的統籌法，如何成功應用於國防、工業生產的組織管理。由此及彼，我感到豁然開朗，柳暗花明，開竅了。把所有的通訊報導樣式統籌起來看，就是一種現代八股文。體裁相對固定，敘述相對固定，所要變化的就是五個W（What：何事，Who：何人，When：何時，Where：何地，Why：何故）罷了。天下文章一大抄，就看會抄不會抄嘛！寫作是件簡單的活、愉悅的活，大可不必自己繞自己。

從此，我感覺自身寫作的衝任兩脈打通了，體現在通訊報導上開始突破，有豆腐乾大小的文章偶爾見報。這在當時的基層部隊，還算是有轟動效益的事。就這樣，一篇兩篇，一步兩步，直至調任政治處宣傳股的新聞幹事，成了我們部隊新聞報導領域的掌門人。

新聞，新聞，不僅要文字，而且還要圖片。我們部隊唯一的「海鷗牌」一二〇雙鏡頭像機，當然地成了我專用的寶貝。年輕時的求知慾很旺盛，學什麼都想折騰到極致。我用當年演樣板戲的舞臺片景，在宣傳股的倉庫裡隔出了間暗房，對照著幾本從新華書店淘來的攝影技術書籍，開始了從攝影到沖洗、放大的全套工序大練兵。部隊的工作和生活寫真照沒有留下幾張，卻為戰友們複製了若干歷史的瞬間。

前不久，參加同學暨戰友王偉（復員後上醫科大學，曾任揚州市人民醫院科室主任）的女兒婚禮，同桌的皆為三、四十年未曾謀面的戰友。回憶當年印象，他們眾口一詞：「我找你幫忙洗過照片。」我當年應該有很多美麗的傳說，他們只記得這麼物質的一件小事，讓我有點失落。

我是我們部隊宣傳隊的成員，在中隊演唱組裡是當然的骨幹，集編導演於一身。前些時，流行過韓國鳥叔的《江南STYLE》，那些個耍酷的姿勢看著眼熟。其實，當年有個舞蹈《草原上的紅衛兵見到了毛主席》，就是這樣蹦的，也很火，很多連隊演唱組都移植過。像這樣圖解的表演招式還有一些，比如雙手高舉頌揚式、捧心抹胸熱愛式、握拳曲肘緊跟式、揚臂揮手前進式、弓步前跨衝鋒式、托塔頂天屹立式、架拳提筋鬥爭式、跺腳踢腿痛恨式等等。只要掌握了這些要領，什麼樣的節目都能對付。

我的創作生涯也是從連隊演唱組起步的。什麼三句半、對口詞、表演唱、詩朗誦、評話、相聲、相聲劇、小話劇，都寫過，也都演過。形勢需要什麼，領導喜歡什麼，咱就上什麼。開始不自信，只要時間來得及，我肯定要把大作偷偷寄回家，請我父親加工提高（從中得益非淺）。寫著改著，改著玩著，很快就入了門（這要歸功於我的悟性較高）。

機會往往留給有準備的人，這句話很哲理。

那年，江蘇省軍區司令員黃朝天調任南京軍區司令部顧問。退居二線了，老將軍想出版一本個人回憶錄，需要找個槍手協助文字工作。軍區直工部文化科（處）陸科長負責選人，他對我的業餘創作狀態很瞭解，自然而然地想到了我。

黃朝天，江西興國人，是一九二九年參加革命的老紅軍，也是我軍的第一代老工兵。他參加了第一至第五次反「圍剿」戰鬥，長征時出色組織指揮了湘江、烏江架橋等工兵行動，曾受到毛澤東、周恩來、朱德、陳毅的稱讚。

傳奇的經歷，豐富的史料，加上我當時的寫作能力，成功是必須的。大半年以後，黃朝天的革命回憶錄《黨啊，我的母親》，在江蘇人民出版社付梓。印象中，老將軍個人出版回憶錄，這本書應屬較早的。先後被全國總工會、團中央列入向全國推薦書目，還在省裡獲了一個什麼獎。第一版很快賣完了，我請南京軍區《人民前線》報社的美術編輯楊曉崗重新設計了個封面，又加印了第二版，仍然供不應求。

這本書讓我名聲鵲起，又好像是一塊磚，敲開了通向南京軍區領率機關的大門。

調到軍區機關工作後，我的業餘創作漸入佳境。話劇《房子的故事》、《兵之路》先後獲全軍業餘會演優秀劇碼獎、解放軍文藝優秀劇碼獎，《人民日報》、中央人民廣播電臺、中央電視臺、《解放軍報》作了報導，還進了中南海為中央首長演出。中央軍委副主席楊尚昆觀看《房子的故事》時即興說：「這個戲寫的好，看來要解決這個問題，還是要從黨風抓起。」

後來我又寫了一些電視劇和電視藝術片，諸如《失落的愛》、《龍年》、《祖國同齡人》、《綠色協奏曲》等等，幾乎是拍成一部，中央和若干省市電視臺就播出一部，有的還被安排復播，很過癮。因創作成績突出，先後榮立了二等功、三等功。

可能是因為工作比較出色（不排除有感情分），我的頂頭上司、軍區司令部辦公室主任吳繼科（後任軍區黨委常委、聯勤部部長，少將）通知我，經組織研究決定提前晉升我的職務（任現職年限未滿），到駐在蘇州的軍區某坦克修訓部隊當教導員。

下部隊，我一百個不願意，機關多好，南京多好。硬頂肯定不行，別把升官給攪了，要運用韜略。

我找到軍區司令部直工部的吳誠海部長，向他彙報了對基層業餘文藝創作的擔憂。部隊開展文化活動是戰爭年代形成的傳統，每個連隊有演唱組，團以上單位有宣傳隊，但目前創作隊伍很薄弱，青黃不接，直接影響了兵演兵的品質。在得到他的認同後，我又建議，組織一次創作筆會，把各基層部隊中有點基礎的苗子集中起來澆澆水、施施肥，共同成長。

吳部長真是個善解人意，體恤民心的好領導。他是軍二代，是在部隊中長大的，豈能看不破我那點胡頭心思。當然，我的提議畢竟是件好事、實事，不是歪門邪道。他當即表態，這事要辦，馬上就辦，由你來辦，蘇州那邊暫時就不去了。

陽謀得逞，心中很愉悅。直工部宣傳處文化幹事蕭勇（轉業後在南京市中級法院工作）逐一給直屬部隊打電話，選調了二十多位業餘作者（稱愛好者更準確點）戰士占一半以上。南京軍區司令部第一屆文藝創作筆會，在軍區直屬某團隆重開張。

私心歸私心，我辦筆會還是很認真的，上課、輔導、寫作、討論、修改，折騰了近一個月。我運用人脈資源，從朋友圈中請來了賀東久、江奇濤、陶思耀、陳增智、趙永江、陳亦兵、陳光明、胡然等十多位軍內外名家、名編免費授課，甚至義務修改作品。還請了亞明、陳大羽、黃養輝、趙緒成、宋雨林、盧星堂、蓋茂生、朱葵等一批著名書畫家現場揮毫，示範輔導。對初涉文壇的基層官兵來說，這種機會應該是可遇而不可求的。

這批被戲稱為「黃埔一期」學員，共創作、修改了二十多萬字的作品，大部分都是處女作。經我斡旋軍區文化部方全林部長、軍區《人民前線》報丁星社長，軍區文化部的《前線文藝》雜誌出了個專號（責任編輯胡然），《人民前線》報發了個作品專版（責任編輯陳光明），還在地方報刊上發了一些作品，先後共發表了近十五萬字。

翻翻當年的專版和專號，有點喜為他人作嫁衣的成就感。這些大多第一次以鉛字見諸於報刊的作品，雖然有點粗糙、有點稚嫩，或者有些還算不上是文藝作品。但是，這裡是作家夢開始的地方，有一些人後來成了真正意義上的作家。

小說《魂歌》的作者蔣本滸（現名麥家，浙江省作家協會主席），是與會人員中選用作品最多的。他平日裡戴副眼鏡，穿件帶花紋的羊毛衫，表情有點木訥，是個有一肚子故事的文學青年。我從他新寫的和帶到筆會上修改的作品中，選了一篇小說和一首詩歌，發在《前線文藝》雜誌專號上；在《人民前線》報專刊上發了一篇小小說《勝利者》，並為他專門寫了一篇評論《〈勝利者〉啟示錄》。這個小軍官的寫作潛力大，能出來，這是共識。誰也沒有想到是，後來他不僅成了名成了家，還摘取了矛盾文學獎和巴金文學獎。

組詩《軍歌》的作者王維（原南京軍區電視劇製作中心編劇），參軍後一個猛子紮進了蘇北某部農場，酷愛詩歌、小說，寫的多，發的也不少。他當了五年兵，農場沒提幹機會，只有退伍一條路。軍旅詩人賀東久得知後，與我同向直工部吳部長力薦，將他調進了軍區直屬某團，後來又提了幹。他從南京大學中文系首屆作家班畢業後，出版了幾部中長篇小說。轉向電視劇創作後，著有（或與人合作）《ＤＡ師》、《狼煙》等十多部電視大片，囊括了國家和軍隊關於電視劇的所有獎項。

詩歌《颱風變奏曲》的作者王國福（筆名汪沉，原南京軍區文工團創作室一級編劇），玩業餘時寫詩，從事專業後寫詞。他（與詞曲作者合作）的《大地春風》、《媽媽的小詩》、《不要問為什麼》、《軍歌聲聲》、《中華大家園》等歌曲，曾被毛阿敏、譚晶、李丹陽等軍中大腕演唱；《時刻準備著》是國慶六十週年閱兵式上的主題曲之一，名噪一時。

參加筆會並堅持業餘創作的官兵，也有著不俗的表現。駱崇泉堅持戲劇創作，歌劇、京劇、音樂劇，佳作迭出；劉偉（時為南京軍區某測繪部隊戰士）因工作調動，從大別山走進了大上海，詩情依舊澎湃，在詩人比讀詩的人還要多的前些年，出版了個人詩集。苗生（時為南京軍區檔案館幹部）發表了近百萬字的紀實文學作品，其中《海峽風雲錄》、《臺灣軍界秘聞》等專著頗有影響。

四

我們這些小兵，大多在軍營裡實現了男孩到男人的嬗變。在長軍齡的同時，也在長身高，長體重，長鬍子，長JJ。十七歲那年，是人生「第一次」最密集的一年。我的處遺奉獻給了盛夏的某天午睡，感受上絕無賈寶玉同志夢遊太虛幻境的浪漫，只有朦朦朧朧、似爽非爽，甚至還有點不好意思的印象。

打這以後，我明白了綠軍被上或深或淺的色斑，是沒見著媽媽的兒女們不屈的冤魂；戰友們起床悄悄洗的不僅是內褲，而是在打掃自動或手動步槍肆虐後的戰場。我開始注意包裝，把形象設計定位在大男人的標杆上。夏天，把軍便帽疊的像大沿帽似的；冬天，把棉軍帽整得像塊城牆磚。我嘗試著像老兵那樣，抽煙、喝酒，說粗話、講似懂非懂的下流故事，還編造了幾則關於自己被追求的緋聞，以顯示成熟的魅力，力求儘早躋身軍營硬漢的行列。

大凡在部隊身體發育的新兵，幾乎都有繡球風的經歷，我也不例外。所謂繡球風就是陰囊濕疹，應該是新兵入伍後運動量驟增，出汗多又不及時清潔（也沒清洗條件）造成的；可能還有水土不服，內褲不合體的誘發因素。這個流行病並不邪乎，到衛生員那兒敷點水楊酸軟膏（部隊自製的），用紗布裹上，一二周內即可自愈。雖然睡覺難受點（騷癢）、走路困難點（刺疼），但可以休病假，可以不出操、不站崗。

有段時間，我們中隊有不少新兵在休病假，食堂裡屢見不慎脫落的球型紗布。有個小女兵不服氣，以為這些男兵真狡猾，變著法子休病假。於是到衛生隊去找熟人要病假條，也說得了繡球風。

女軍醫嫣然一笑，指著牆上的那張中醫針灸人體穴位圖：「你哪來的繡球風！」那女兵楞了一會，終於醒過夢來，含羞遁去。此事純屬聽說，請有關戰友不要對號入座。

學會生活，也是我們到部隊後的人生一大課。

先說理財。當兵第一年的士兵津貼是人民幣六大毛（元），讓我已有渾身都是錢的感覺。部隊駐在南京轄下的江浦縣花旗營，交通非常不便，基本上與囂市隔絕，能逛的最大商場是隔河相望的某野戰軍小賣部。每月買上點牙膏、肥皂什麼的，其它就沒有開銷或無處開銷了。到了年底，居然還攢了點私房。

春節前，我給外婆寄了十元錢，讓她老人家激動並心疼了一夜。第二天，就讓人給我寄了回來，並來一信，千叮嚀萬囑咐不要省錢，正是長身體的年紀，要經常買點水果、零嘴吃吃。這張匯款單還造成了誤解，有人以為我向家中要錢（當時紀律絕不充許），後經公開外婆來信才算還了我的清白。

到了第二年，津貼增加了，我的消費能力也同步增加了。部隊移駐湯山後交通便利了，每月可請假去趟南京，這個改變使我加入了「月光族」的行列。再後來，不僅月月光，連第一年的私房也掏空了，甚至出現了寅吃卯糧的現象。好在我是同年兵中提幹較早的，皮夾子也較早豐滿了起來，沒有陷入債務纏身的尷尬。

記得提幹後第一次發工資領了兩個月（補發一個月），扣除了伙食費什麼的，還有八十多元，這是我平生擁有的第一筆鉅款。與我同時入伍的四位中學同學（都還沒提幹）提議，請假到南京熱烈祝賀一下。那是一個星期天，他們想著法子「打土豪」，來回路費、兩頓豪餐、酒水加上小吃、拍照片等等，盡情消費，花掉了我的首發工資一小半。當兵這些年，沒能養成應該養成的節約鬧革命的習慣，實為憾事。

再說說洗衣服。曾聽不少戰友介紹經驗，襯衣可以正著穿一周，然後再反著穿一周（領口看不見污穢）。兩雙襪子輪著穿，一雙髒了，塞到墊被下面換另一雙；又穿髒了，再把前一雙髒襪子幹搓幾下接著穿。這種令人羨慕的鮮活做法，我卻無福仿效。我們工作的空間是全封閉的工程車車廂，包括體臭、腳臭、屁臭在內的任何異味，與汽油味、油墨味融合一體後，就會化合成一種甕臭，經久不散。因此，勤洗衣服和鞋襪是硬任務，稍稍偷懶就會遭到老兵的訓斥。

當年沒有洗衣機，衣服全部用手洗。我們那年兵發的第一套軍裝是用細帆布做的，下水後硬梆梆，根本洗不動，只能用刷子來刷。記得第一次洗襯衣，衣領上的黑槓槓還沒消滅，手指背就磨破了。肥皂水滲進創口處，越搓手越痛，但不洗就沒得穿，深刻領略了欲哭無淚、欲罷還休的滋味。為這事給家裡寫信撒了撒嬌，沒想到從不寫信的母親很快回了封長信，這好像也是母親給我寫過的唯一的一封信，內容幾乎是洗衣技巧大全。

後來聰明了，為了少洗幾次被套，我學會了將毛巾縫在被頭，蹭髒後拆下毛巾洗洗即可，很輕鬆；衣領容易髒，也最容易破，縫上一條白布，既方便洗滌，又保護衣領，視覺上還有假領子的感覺，沾了點時髦。

衣襪常洗容易破，我又學會了針縫活。當時人人都有針縫包，這是部隊裝備中最廉價也是最實用的軍用品。在「艱苦樸素」「勤儉節約」的社會大氛圍中，我的生活自理能力得到很大提升，縫補漿洗，無一不能。如今，衣物需要小縫小補的，還是習慣戴上老花眼鏡自己動手。儘管家人常笑，「男做女工，發財不凶」（揚州方言，發不了大財的意思），我仍樂此不疲。

再說一件題外事，有年在香港，我妻為外甥朱炳蔚買了條牛仔褲。好端端的新褲子看上去斑斑駁駁，還有幾個不對稱的洞眼。雖然我也明白，這是人為的舊化處理，這是年輕人熱衷的時尚，但從內心裡很難認同這種審美，恨不能用針線把那些洞眼縫補起來。

前蘇聯作家高爾基的自傳體小說《我的大學》中，十六歲的阿廖沙懷著大學夢來到喀山，嚴酷的現實使他成了喀飄，在貧民窟、窮街陋巷和輪船碼頭上為活著而打工，直至參加革命。他有感慨：「我雖然出生在下諾夫哥羅德，但精神上使我獲得生命，卻是在喀山。喀山是我最喜歡的一所大學。」

相比之下，我們這代人比高老師他們要幸運的多。我們「生在甜水裡，長在紅旗下」，也是在十六歲上下的年齡，揣著各種夢走進軍營；不為溫飽而發愁，不為成長而煩惱，不為名利而困惑；在學政治、學軍事、學業務、學文化、學生活的同時，學習做一個合格的軍人，學習做一個大寫的人。軍隊不僅在精神上賦予了我們新的生命，而且讓我們的生命終身染上了軍旗的色彩。

軍營，我人生的第一所大學！

想說愛你不容易 柒

從戰爭年代開始，部隊的思想政治工作就非常講究實用性。對老祖宗留下的一些非物質文化遺產，該批的猛批，能用的濫用，沒有什麼檢驗的標準。孔老夫子有句語錄，「飲食男女，人之大欲存焉」。說的是吃飯和睡覺（生存和繁殖），人生離不開這兩件事。這個觀點在當時的部隊政工界絕無市場，吃飯就算了，成天想著男男女女的事，還當什麼兵，打什麼仗？而孟老夫子的語錄，「男女授受不親，禮也」，這句話卻備受推崇。

一

一九七一年初，新兵來了，我們組一下子分到了四個小女兵，都是十五六歲，花一樣的年齡。

一天，早我大半年入伍的老兵吳炳剛（轉業後在南京地方稅務局工作），神祕兮兮地對我說了個笑話：他們去大隊農場出公差，打掃豬圈。丁姓小女兵面對一頭種豬，目光充滿憐憫，喚來組長老于，哀求道：「這只豬生病了，屁股上長了個大腫瘤（實為睪丸），你去反映一下，讓農場給治治！」

「腫瘤門」不久，我又親歷了「油斑門」。某周日，四女兵連袂學雷鋒，去炊事班幫著洗被子。趙姓小女兵回來後大發感慨：「怪不得每次油條都不夠吃，原來被炊事班的那幾個傢伙躲在被窩裡偷吃了，個個被子上都有油斑（實為精斑），大一塊小一塊的，太不像話！」

這是兩件真實的舊事，沒有一點矯情。

我們生活的年代，正是從美國興起的性解放運動，在「要做愛，不要作戰」（Make love,not war）的口號推動下，遍及大半個地球的年代。與其相對應的是，在人口最多的中國，性教育特別是性知識的普及，卻還是「一片白茫茫大地真乾淨」。

戲劇。樣板戲中的主人公都是獨身主義者。《紅燈記》中祖孫三代毫無血緣關係，都是單身。《杜鵑山》中的柯湘，登臺前就死了丈夫，是個寡婦。《沙家浜》中郭建光的婚否不詳，與其接觸頻繁的阿慶嫂，必須安排有個外出打工的丈夫，以免觀眾產生不健康的聯想。《智取威虎山》是根據小說《林海雪原》改編的，原著中二〇三首長少劍波與衛生員白茹有段小小的羅曼史，還有首「萬馬軍中一小丫」的愛情詩（書中此處大多被翻的破爛不堪）。到了戲中，卻是「事如春夢了無痕」，白茹連名子都沒了，叫衛生員。凡此種種，不值再敘。

電影。國產片有了幾部，屬性同戲劇，不敘。外國電影開始只有前蘇聯的，後來又開放了一些「鐵杆」兄弟國家的影片。於是，就有了「蘇聯電影會喊口號（『烏拉』聲不息），羅馬尼亞電影摟摟抱抱，朝鮮電影哭哭笑笑，越南電影真槍真炮，阿爾巴尼亞電影莫名其妙，中國電影新聞簡報」的大致分類。

當然，儘管都是馬克思的信徒，影片中「成人不宜」的鏡頭照樣一審再審，一剪再剪。即便如此，電影組不時還會接到軍區電影工作站的臨時通知，A 影片多少米到多少米，剪掉；B 影片多少米到多少米，遮擋。

記得看過一部外國片，（電影名字記不清了），當金髮碧眼的女主角輕解羅裳，正欲沐浴時，鏡頭突然被遮擋了。銀幕一片漆黑，但洗澡的水聲還在或急或緩地響著，在大兵們的幻境中曲折流淌（遮比不遮更誘惑）。銀幕重見光明後，禮堂裡噓聲一片。

小說。長篇小說主要是《豔陽大》、《金光大道》什麼的，滿篇文字一片紅，偶然淺黃一下，也是點到為止，或者剛點即止。後來又重新出版了文革前的幾部長篇小說，有關性的描寫（其實也就是一點點提示性的文字）被刪得乾乾淨淨。

文藝作品如此，工具書也不例外。記得讀方志敏的《可愛的中國》，有個情節是一群惡男在船上調戲婦女，此女哀求：「不能嬲呀！」。「嬲」字何意，如何發音？翻遍《新華字典》毫無蹤跡。據說，一九七二年版的《新華字典》，連娼、妓、嫖、姦這幾個字都刪除了，更別說屄、屌、肏這些字了。

最近，在網上看到一本某市民政部門發放結婚證時，配發的《新婚夫妻手冊》。首頁是最高指示：「我們都是來自五湖四海，為了一個共同的革命目標，走到一起來了……我們的幹部要關心每一個戰士，一切革命隊伍的人都要互相關心，互相愛護，互相幫助。」

接下來是注意事項：「革命夫妻在新婚之夜，要先團結，後緊張，本著循序漸進，由淺入深的原則。尤其是男同志在一開始時，要特別注意謙虛，謹慎，戒驕，戒躁，關心和愛護革命女同志」「革命夫妻每一次不宜將運動深入持久地進行下去，以免影響休息。要保持充分的睡眠，以便第二天能以飽滿的激情投入到火熱的革命工作中去」等等。

這是我迄今看到的，在談性色變年代裡最大膽也最有人情味的「性科普讀物」。

我們的身體在軍營裡成長，我們的心理對異性的好奇和嚮往也在成長。我們中隊的衛生員，楊姓，有本《赤腳醫生手冊》。此書裡有一張手繪的只有火柴盒大小的女性私處圖片，讓有幸一睹的（關係好的）小男兵們欲罷不能，欲說還羞（常識稀缺的青春期）。

後來讀的書多了，信息量大了，我也嘗試過把各種碎片整理成一張曲徑通幽的畫，一首激昂奮進的歌，自以為這個空間就是伊甸園了。當偷吃了第一顆禁果以後，才明白我的想像不過是一個冬天裡的童話，與春天裡的故事根本不在一個層面。

軍區某工兵團有個小男兵（報務員），現在是某省會電視臺訪談節目的主持人。他憑藉電鍵「嘀嘀噠噠」（僅有長碼和短碼）的空中聊天，很神奇地泡上了的軍區某通訊部隊的一個小女兵（也是報務員）。兩個小戰士大膽見面後，感覺非常好，迅速進入熱戀。沒幾天，就把牽手、擁抱、接吻的程序走完了。

一天，小男兵急匆匆找我，滿臉沮喪，連聲自責犯了錯誤，導致他倆的戀愛面臨危機，請我出手拯救。在我強大好奇心的逼迫下，小男兵交代，昨晚他倆月下相見時，一時性起，把手伸向了小女兵的胸部（鹹豬手）。小女兵愕然，大罵「流氓」，拂袖而去。

盛夏的午休時間，在部隊大門邊接待室裡，小女兵買了十塊小冰磚回報我的調解。話題隔著一張紙，只能各說各的。她委屈的不得了，自責看錯了人，小男兵的道德品質有問題等等。我只能竭力把自己包裝成情感專家，重點闡述有些事與道德無涉，在戀愛中人人都想做，人人都會做等等。

小女兵邊說邊吃，當一口氣吃掉第八塊小冰磚時（我只禮貌性地吃了一塊），氣消了，答應再給小男兵一次機會。年底，他倆退役成了家，後來還生了個大胖小子。這個故事聽上去有點離譜，但確是我親歷的真人真事。

還有更悲愴的。軍區直屬某團農場，生產需用大量的有機肥，去城裡去淘垃圾是最受歡迎的「出公差」（可以去一趟南京）。一次，在卸垃圾的過程中，戰士小周看到一個發亮的圈圈，脫口而出：「咦，金戒指！」眾戰友一聽此話，全都圍了過來。小周急中生智，迅速放入口中。想吃獨食？做夢！眾人一擁而上將他摁倒，硬是從嘴裡取了出來。

這個圈圈被上交到連部，連裡幾個頭頭琢磨不出是啥玩藝，既不像金戒指，也不是銅戒指。衛生員小朱在一旁幽幽地說：「我好像在團衛生隊見過……」，小朱吞吞吐吐，連長著急上火，「快說，是啥？」小朱從牙縫裡擠出三個字，「避孕環。」

二

我們三隊有位女教導員，平日裡像只老母雞似的，管著小母雞們不准亂吃食，也防著小公雞們偷偷來吃食。每當看到男兵的目光在女兵的小臉蛋上多逗留一會，她就會嚴肅指出：「你這是精神揩油！」

有什麼樣的幹部就會帶出什麼樣的兵，導向決定遊戲規則。「內部招兵」的那批兵，有的自小在一個部隊大院裡長大，有的是小學或中學同學，有的還是經常走動的通家之好。但到了營區就正經八百起來，有時擦肩而過也形同陌路，唯恐被人曲解或起鬨。

孫建華（時為十中隊戰士，復員後在江蘇某測繪部門工作）記得當年航內工序的一句名言，叫做「不接邊不講話」。當年的軍用地形圖都是手繪的，一人一塊《人民日報》大小的圖版，畫好後再與相鄰的地形圖接邊。要求地形等高線、水系（江河、湖、海）、交通線（公、鐵路）等地形地物資訊要素在圖幅接邊處要準確。也只有在這個時間，男女兵們才可以頭碰頭臉對臉地說說話。

我有個小學女同學，蘭姓，大概五年級時隨父母去了外地。入伍後排演《沙家浜》時，我們同時進了宣傳隊。我一眼就認出，這是當年在揚州軍分區操場上玩過「官兵捉強盜」的兒時夥伴。我曾嘗試著與她敘舊，但那種茫然的目光和木然的表情，不得不讓我止步。

若干年後，我請在南京工作的小學同學吃龍蝦。席間，有人對我和她在同一部隊十來年沒有相認感到奇怪。我的回答是，認是認出來了，沒敢套近乎；她的答案更簡單，壓根就沒認出來（可能是真的）。

我們宣傳隊先後出過幾件風流案，一度流傳得沸沸揚揚。

臺上同演新四軍的戰士甲（十六歲出頭）和戰士乙（剛滿十五歲）都是小兵，平日裡互有好感。演出告一段落後各自回中隊，沒了交流的機會。戰士甲或是戰士乙突發奇想，利用地名差發明了一種烏龍信。

我們部隊移駐湯山炮校後，才知道這個學校不在湯山鎮，而在湯山向南幾公里的作廠鎮，通信地址應為南京市作廠鎮南字某某某部隊。但湯山炮校的名頭太響，如果寫成南京市湯山鎮南字某某某部隊，一樣可以收到。

也就是說，從營區寄出一封至南京湯山南字某某某部隊的信，作廠鎮郵局分檢時會根據第一地名送往南京，南京郵局分檢後會根據第二地名送往湯山，湯山鎮郵局會根據第三地名再送到我們營區。此信猶如鴻雁在驛路上飛了一個來回，落在了同一營區被傳書的人手上。

正當倆小兵充分享受因天才發明而帶來的通信自由時，被人在郵戳上發現了這個祕密。事後，小男兵把事全攬到了自己身上，雖然沒有受到什麼處分（犯了士兵不准談戀愛的忌），他倆也沒有修成正果。

現在看來，所謂風流軼事，大多是對異性的好感、好奇，這是人性最原始最自然的表露，充其量也就是當下的中學生早戀而已。其實，這是人生非常美好的一段記憶。

早點戀和晚點戀，並不涉及道德層面。在性受到普遍壓抑的那些歲月，人口出生率並沒有因此下降，無非是有些事做得說不得，有些事說得做不得罷了。讓少男少女把握這種遊戲規則，難度係數偏高。

再後來，人大了，兵老了，提幹的多了，男女界限也漸漸不那麼嚴格了。我們部隊的領導們經過慎重研究，又立了一條規矩：內部不准談戀愛。軍令如山倒，有點想法的，有點苗頭的，有點曖昧的，統統死了心。

那時沒有《非誠勿擾》這些大型生活服務類節目，也沒有婚戀公司和網站，小軍官們找對象主要靠熟人介紹。有句新諺語，叫做「吃菜要吃白菜心，嫁人要嫁解放軍」。我們這個隊伍不是野戰部隊，沒有上陣殺敵流血犧牲的擔憂；駐地毗鄰南京，也就一個小時的車程；加上政治過硬、薪俸偏高（相對地方工資）、身體健康（經過體檢的），很受南京市區適齡女青年的歡迎。

從農村入伍的下手快的都在南京成了家，實現了子子孫孫的農轉非（政策規定孩子戶口隨母親）。從無錫、揚州這些中小城市入伍的大多有家鄉情結，兩年一次的探親假成了相親假。回家後走馬燈似的找對象，對上眼緣的皆大歡喜，遺憾離場的只能耐心等待下一個假期。

那段時間電報特別多，文字簡潔而內容相近，「父病，速歸」「母病，盼回」等等。中隊領導是過來人，都知道是哪檔子事，只要不是太離譜，大多很開明地容忍了這種小欺騙。開始還在會上說說，不允許有假電報。後來也就睜隻眼閉著眼，只強調不准超假，得放生時且放生了。

我也有過幾次相親的經歷。

第一次是我們部隊政委高良生牽的線。他有個東北老鄉在大別山區的某醫院當教導員，醫院裡有個從東北入伍的小護士，工作表現很出色。高政委一直以為，東北的姑娘是天下最好的姑娘，人才不能流失了，決定讓我去分享這個紅利。

我對堅守山區的官兵是很敬佩的，但對娶個在大山裡工作的媳婦，心理上沒有準備。不去吧，辜負了領導的熱心；去吧，又怕不進戲，得罪人。無奈，只好搭了輛便車進山，開始了人生的首次相親之旅。

到了醫院，我把整得像塊磚頭的棉帽拍拍圓，又解開了風紀扣，形象上竭力向話劇《霓虹燈下的哨兵》中那個炊事班長的造型看齊。路有分岔，見一小女兵匆匆而來，便向她打聽那位教導員的住處。奇怪的是，那小女兵對我詳細指明了地址後，逕自回頭走了。

後來的劇情就簡單了，一是教導員感到抱歉，告知小護士緊急出診，你先回去，改天再約時間；二是過了幾天，高政委用非常遺憾口吻告知，我沒被相中；三是我得到了解脫。那位指路的、與我相親的應該是同一小女兵，茫茫人海中只打過一個照面，長的什麼樣？記不清了。

後來，軍區司令部直工部的新聞幹事張維平（後任上海警備區副政委，少將）又給我介紹了一個小護士，說她出身軍人家庭，現在外地某部醫院，即將調入南京。張幹事辦事很縝密，先拿了一張我的照片給女方審閱，然後又讓我看了女方的照片。那張一寸（當年的規格）黑白照片上的她，雖稱不上羞花閉月，但絕對是個美人坯子，是我喜歡的菜。

相親前，我被告知先由女方姐姐（與張幹事愛人同在某部隊醫院）代表面試。這種安排有點不平等，資訊也不對稱，衝著那張照片，我還是很樂意地去了。結局很不圓滿，美人還沒見著，就被有可能成為大姨子的美人姐姐給滅了。

之後，還有過幾次高不成低不就的遭遇戰，讓我不得不質疑這種模式的成功概率。還是要改變一下套路，相親的邊再也不沾了，我的老婆我來找，我的媳婦我做主。

一九七四年，中央軍委決定炮校恢復辦學。在湯山的好日子結束了，我們部隊又一次遷移，搬到了安徽六安郊區的大崗頭。

部隊遠離了都市，到了大別山的門口，小軍官們的身價立即從藍籌股跌至滯銷股。尤其是外業隊的單身幹部，一出測就是大半年，位址不停地變，情侶之間傳點情書都流暢不起來。經常是出發前相親，回來後就分手。女幹部找對象的範圍也很小，有些人不得不把目光轉向了不穿軍裝的地方群體。找對象難而導致軍心不穩的問題，鎖上了各級領導的眉頭。

一天傍晚，還是上面說到的那位高政委，散步時遇見一對談戀愛的情侶。女方是內業隊的技術幹部，花一般模樣；男方是安徽合肥某學校的老師，草一般的形象（喇叭花也是花、蘭花草也是草）。高政委怎麼看覺得兩人不般配，心中隱隱還有刺痛的感覺。他這才意識到，我們原本並不缺乏人力資源，而且擁有拉動內需的特殊優勢，只是身在福中不知福。

高政委和其他領導商量後，在一次幹部大會上鄭重宣布，廢除內部不准談戀愛的規定，提倡並鼓勵內部戀愛結婚（比如可以優先分房子、分煤氣罐等）。當高政委即興說出「肥水不流外人田」這句話時，引起全場哄堂大笑。這句話很快成為名言，流傳了很長時間，成為內部婚戀的代名詞。

三

左的年代也非一無是處，軍婚就是一條「高壓線」。「軍用品」是不能碰的，誰膽敢給解放軍的綠軍帽上再加頂綠帽子，一律打入大牢，而且不論情節輕重，不分主動被動。

我有個半同鄉（當年揚州轄下的興化人），陳姓，是軍區某通信部隊的技師。經人撮合，與家鄉的一位小學代課教師喜結連理。歸隊後心情大悅，常把老婆的照片掏出來曬曬，讓戰友們欣賞他家漂亮的小老師（也算昵稱）。

婚後第一次探親，陳技師偷偷帶回了一隻萬用表。某晚，他想跟小老師玩點夫妻情趣，拿出萬用表來神祕兮兮地說：「這是國際上最新的測量儀，專門檢測兩口子的波波有沒有被其他人摸過。按照部隊規定，幹部探親期間必須檢測，現在正式開始。」

他先把萬用表的開關扳到某檔（應該是關機狀態），說這個字母代表男人。然後，讓小老師將兩根表棒分別按在在他的胸前，表上的指針紋絲不動。陳技師很得意地說，「這證明我是很老實的喲！」接著，又把開關扳到某檔（應該是開機狀態），說這個字母代表女人，當他將表棒按在小老師的波波上時，錶針動了。

「你有問題！」正當陳技師還想把玩笑進行到底時，突然發現小老師臉色蒼白，雙唇微顫，眉眼間露出驚恐的神色。他頓生疑竇，經一唬二詐，小老師竟然交代出為了轉為正式老師，與校長有染的驚天大案。當年，雖說萬用表是通信部隊有線、無線崗位的必備工具，但對在水鄉教語文的小老師還是個稀罕東西，真以為被高科技測出了紅杏出牆的證據。

陳技師一玩笑而成千古恨，勃然大怒，當夜讓小老師白紙黑字寫了交代，第二天就去告發了那個校長。憤然歸隊後，又給組織上遞交了堅決離婚的報告。後來聽說此案的構成要件並不完全符合破壞軍婚罪，但辦案人員堅持寧左勿右，從重從嚴，還是判了校長三年。小老師也被學校除了名，連課也代不成了。

解放軍也保護老百姓，凡提幹後不要農村對象的，定了婚想悔婚的，結了婚想離婚的，一律戴上「當代陳世美」的帽子。只給兩條路，一是浪子回頭，好好過日子，既往不咎；二是黨員、幹部的名譽待遇留下，打起背包走人。

有一位與我同年入伍並同在一個中隊的戰友，當兵前在家鄉處了個對象。就像崑曲《牡丹亭》的唱詞：「不入園林，怎知春色如許。」他到部隊後驚詫地發現，城裡的小女子們不知道是吃怎麼長大的，要什麼有什麼，怎麼看都養眼。提幹以後，地位和審美的變化使他的內心強大了起來，經過幾夜輾轉反側，他決定休掉那位農村姑娘，在大城市裡重啟人生之旅。

後面的情節發展很有看點。那位對象雖然年輕，卻是大隊的婦女隊長，是保護婦女兒童權益的專家。她帶著男方的父母到了部隊，在招待所裡安家落戶，誰來都捧出瓜子、花生，熱情款待，絕口不提男方的不是。老兩口也一個勁地誇獎準媳婦賢良淑德、孝順能幹，在人前也給兒子留下足夠的退路。

這一切，為女方增加了若干同情分。

我的那位戰友開始還躲著、繃著，甚至用被子蒙頭躺在床上不吃飯，企圖堅守自己的理念。經過十幾天的對峙，還有一邊倒的輿論氛圍，再加上領導明確的政策交底，他終於繳械投降。後來，結婚了。再後來，家屬隨軍了。再再後來……

我在協助黃朝天將軍撰寫回憶錄《黨啊，我的母親》期間，曾去江西老區搜集相關資料，恰逢某縣人武部開會幫助一失足幹部。

該幹部辯解，錯是錯了，也有可原諒之處，希望從寬處理。比如說，是利用業餘時間，八小時以外，從未沒影響過工作；比如說，是女方主動擁的軍，他是被動愛的民；再比如說，注意了階級立場，對方政曆清白等等。部長聽著聽著就火了，怒斥道：「還哆嗦什麼，腐化哪個不想搞，就你膽大！」

部隊幹部結婚前還有婚姻政審這一說，主要是查未婚妻本人及直系親屬有否政曆問題。壓到地富反壞右殺關管（地主、富農、歷史或現行反革命、壞分子、右派分子、被槍斃、關押、管制分子及其子女）雙黃線的，一律扣分甚至終身禁駕。

一次，去軍區直屬某團大門外的水庫垂釣，同行釣友告訴我，這個水庫曾經吞噬過一個冤死的芳魂。些許年前，他的一個皖南同鄉戰友，申請與青梅竹馬的同學結婚。婚調函回來後，組織股告知未婚妻有一個親戚有歷史問題，不予准婚。

準新娘聞訊後連夜趕到部隊申辯，說那個八棍子也打不著的親戚與她毫無瓜葛，從小至今也沒見過面；再說嫁的是個軍人，又不是軍隊，能接觸到什麼國防機密？即使有心當個女特務，她也不知道到哪裡去賣情報。

道理歸道理，原則歸原則，任你說破天去，部隊的答覆仍是兩個字：不行。

沒想到，準新娘是位烈女，皖南山區那幾十座造型不一的貞節牌坊，無形或有形地構建了她的道德高地。見婚姻無望，她頓感人生也無望了更無顏回家見江東父老，竟然就在這個水庫投水自盡了。

這件事鬧得影響很大，害得小軍官們談戀愛時，不急於處感情，先把對方的七姑八姨弄個一清二楚，有暇疵的立即一票否決，以杜絕悲劇重演。

四

提起軍人的奉獻，主題詞都是流汗、流血、生命，其中少了一個字：性。當時部隊有規定，職務副營以上、軍齡十五年以上、年齡三十五歲以上，符合這三條槓槓的，家屬方可隨軍。占軍官絕大多數的基層幹部，只能靠每年二十天（後來增加到三十天）的探親假來盡夫妻人道、延後嗣香火。

一種相思，兩處閒愁。已婚軍哥軍嫂們的一年三百六十五天，有三百四十五個良宵處於性待業狀態（如果撞到「大姨媽」來訪，還要增加幾天）。旱就旱死，澇就澇死，成了他們的英雄情結，也成了他們無法彌補的遺憾。秦少遊說的「兩情若是久長時，又豈在朝朝暮暮」，不知糊弄了多少渴拉拉的牛郎織女，給性壓抑的普遍存在，套上了一個極富文彩的光環。

時為軍區防化某團宣傳股副股長的駱崇泉，也是性待業大軍中的一員，他以親身感受寫了一首歌詞，曾讓一些兵哥哥在吟唱時鼻子有點酸。

月亮轉了三百六十五夜，
太陽轉了三百六十五天，
踏上探家的路程，

歸心是那離弦的箭。
還沒有進家門，
媽媽就問那天走，
還沒有離家門，
妻子就問何日再相見。
三百六十個相思凝成一杯酒，
有苦也有甜。

月亮轉了二十個夜晚，
太陽轉了二十個白天，
踏上歸隊的征程，
離別似那頂風的船。
還沒有進家門，
媽媽就問那天走，
還沒有離家門，
妻子就問何日再相見。
二十天的相聚凝成一杯酒，
有悲也有歡。

也有耐不住寂寞的，基本規律是喜劇開場，悲劇結束。當時還沒有第三者、一夜情，婚外戀、試婚、同居這些詞，重者叫做生活腐化，輕者叫做生活作風不正派。凡是沾上邊的，在部隊肯定是灰溜溜的，很長時間抬不起頭來。

其實，軍人群體的潛意識從不排斥性的張揚，但遊戲規則是不患寡而患不均。大多數人餓的一再勒緊褲帶，你卻悄悄吃獨食，不招來窮追猛打才是怪事。

查處此類事件時，參與人員常常表現出驚人的耐心和細膩，有時還帶著掩飾不住的興奮。某單位電影組有個放映員，L姓。未婚妻因公出差來隊，被安排至士兵招待所住下。有人舉報，小L用報紙將房門上方的風窗糊上了，而且夜不歸營。

「肯定有鬼！」某領導的那根敏感神經霎時被觸動了，派人去招待所突擊檢查。房門被強行打開後，小倆口正襟危坐，無異常。

「不可能！」某領導又指示，要抱著對組織對個人高度負責的態度，以夜不歸營為突破口，把此事查個水落石出。

單個談話（審問）進行了三天。當天，小L承認夜宿招待所，但是「同房不同床」（室內有二張床）；第二天案情有了進展，小L承認睡在一張床上，但是「同床不同被」（倆被窩）；第三天案件終於有了突破，小L承認他倆鑽了一個被窩，但是「同被背靠背」。此事如何了結的已無印象，這個「三同」的故事流傳了很久。

我們部隊駐安徽六安營區時，還流傳過一個不太好笑的笑話。有人打小報告，高度懷疑話務班某女兵獨自值夜班時，在機房與某男兵幽會。這還了得！大隊司令部機關Z姓協理員和政治處L姓副主任反覆會商後，決定實施布控，要親自抓個「現行」（閒的實在無聊，弄點事玩玩）。

某晚，那個小女兵值夜班時，真有一男兵身影飄進了機房。兩位領導壓抑著臨戰前的興奮，又仔細推敲了一遍抓捕方案，下定了先聽動靜取證、再破門捉姦的行動決心。

新建的營區裡連棵胳膊粗的樹都沒有，時值寒冬臘月，朔風吹撼，像鞭子一樣忽緊忽緩地抽打著潛伏在話務班窗下的兩位領導。儘管凍得抖抖簌簌，他們還不願放下棉帽的耳罩，恨不得把耳朵伸進機房裡。

終於，室內傳出疑似一隻棉鞋落地的聲響，兩位領導會意地一笑，不約而同地豎起兩個指頭。又等了一會，期待中的第二隻棉鞋死活就是沒脫落。他們的寒冷耐受力已到了極限，不得不稍稍活動一下手腳，惱怒地敲開了機房的大門。下面的故事不說也罷，有個細節要交代，室內取暖的火爐旁，有一隻正在烘烤的棉鞋。

在部隊，士兵是性領域的弱勢部落，也是性壓抑的基本受眾。理論上都明白，士兵也是人，也有七情六慾，但在實踐中往往具有排它性，以「士兵不准在駐地談戀愛」的硬性規定一禁了之，忽視了他們應該擁有的權利和需求。焦虹（時為大隊衛生隊化驗員）在她的《大崗頭》一文中說的很到位：「把自己的性別忘掉，把心中的愛磨滅，把感情裝進袋子裡，這就是公認的思想健康、意志堅定的好同志。」

還有一條軍規，已婚戰士在服役期的第一年，配偶不准來隊探親。某團有個來自遼寧朝陽山區的戰士，從小就訂了娃娃親，當兵前家裡給完了婚。他唯讀了一年書，學到的東西大部分又還給了老師，每次寫家書只有請一位學生兵代筆。見他口述思妻之情時眼淚汪汪的，學生兵心中好是憐憫：「叫她來一趟吧。」他搖搖頭，「班長說了，部隊有規定，戰士的老婆不准來，咱不能犯紀律。」

這位學生兵現已花甲之年，前不久與我同去北京，在途中談起此事：「我在信的結尾寫了句，來吧，我很想你。本意是想加強點感情色彩，沒想到半個月後，突然接到他妻子已乘火車來隊的電報，我倆都傻了。

「接站前，他默默地買好了回程車票。那時車少，只能隨這趟車回去，否則要等兩三天。嫂子（長得有點像電影《高山下的花環》中連長的妻子玉秀）風塵僕僕地出站了，手上拎著家鄉的大棗、雞蛋。

「當聽說是我寫的信，犯了部隊的紀律，她必須馬上返回時，嫂子的滿臉紅霞換作了烏雲密布。開車前，他倆在玄武湖邊的石凳上小坐了許久，回到候車室，兩個人的眼圈都是紅的，我真想陪著哭一場。」

人的本能是禁不住的，大路不通，自然會走小路、歪路。有個上海兵，S姓，在浙江山區外業時，他運用光的折射原理，用一面小鏡子從男廁所伸向女廁所方向，想看一看從未看過但又十分想看的東西。沒有料到，光在折射的同時也發生反射，很快被當事人發現了。在「抓流氓」的驚呼聲中，他被堵住了，開始還想抵賴，但帽徽上的屎漬成了鐵證。

這個兵是我從安徽的臨泉縣招來的，是個上海插隊知青。他當時所在那個村的生產隊長，向我推薦時一臉的懇切：「班長，你就把大個子（身高一米八以上）帶走吧，到部隊為你扛機槍，準是好樣的！」小S到部隊後吃苦耐勞，業務也很好。就為滿足一次好奇心而聲名狼藉，退伍回家，令人扼腕。

類似的事件，處理的方式不一，影響和後果則大相徑庭。有一年盛夏，軍區司令部業餘演出隊集中在直屬部隊某團，排練參加軍區會演的節目，我是主要責任人。一天中午，兩位女軍官滿臉惱色地前來反映，說她們在如廁時，發現該團一個戰士爬在男女廁所之間的隔牆上偷覷，要求嚴肅處理。

我和演出隊其他領導緊急會商後，決定大事化小，小事化了。一次偶發的性衝動與流氓成性有著本質區別，這件事如果捅上去，小戰士必受處分，甚至會蒙羞一生，對連隊的評優創先也有影響。

在演出隊的領導層面，教導員時其武（轉業後任南京江寧縣委宣傳部副部長等職）的年齡最大，於是由他倚老賣老去做安撫工作：「你們不要生氣啦，得饒人處且饒人吧。再說在牆上能看到什麼呢？你們又沒練倒立……」一席話把倆女軍官說的由怒轉笑，這事也就過去了。

慾望如水，水能載舟，亦能覆舟。生理、心理上的不同需求和現實的條件限制，使得一些人的性取向產生了變異。我熟悉的一位軍區司令部某二級部的領導，星期天熱衷於大商場的服裝和布料櫃檯，那裡是女性顧客相對集中的地方。他擠在裡面如魚得水，遊來蹭去，忘情地探索著釋放需求的航道，直至玷污了裙子（別人的）被當場捉獲。當時，我認為這是件極其活醜的事。現在知道這不一定是耍流氓，可能是一種心理疾患。

更離譜的，老母豬躺著也中槍，被人性騷擾。我們部隊衛生隊徐隊長某晚路過豬圈，先聽到豬們發出怪叫，又見一個身影從圈中竄出，消失在夜暗之中。徐隊長生疑，打開手電筒察看，發現地上有可疑遺留物，悄悄叫來化驗員採樣、化驗。

該化驗員在網上如是說：「那天，我們正在學習，徐隊長進來把我叫出去，悄悄跟著他去採的樣。回到衛生隊後，放到顯微鏡下一看就發現了問題。那時不太懂事，又是新兵，不好意思多問。徐隊長不讓說，我就保了密，現在想想夠傻的。」

實際上，保守這個祕密的不僅是她一人。這種事要是傳揚出去，部隊是丟不起這個人的。所以，徐隊長據實作了彙報，上面也查清了是何人所為，最後的處理意見是：保密。

上世紀七〇年代初，中蘇邊境全線緊張。在毛澤東「要準備打仗」的號令下，總參測繪局組織了三北（西北、塞北、東北）戰區的軍用地圖測繪會戰。南京軍區也調集了精兵強將，連續三年赴疆作業。

新疆地廣人稀，特別是邊境沿線有不少無人區，大多是沙漠、戈壁，鮮見人煙。部分官兵的精神生活極其枯燥，性壓抑也到了臨界點，常有「進疆待一年，母豬賽嬋娟」的牢騷。漸漸的，某中隊的同性相戲、同性相慰、同性相戀從個別人發展為一個小圈圈，有二三十個人或深或淺地圈了進去，這在當時絕對是爆炸性醜聞。

東窗事發，郝部隊長一邊拍桌子大罵「胡吊鬧！」一邊交代「不准擴散！」。機關很快派了個工作組，到該中隊關門調查，為首的復員送回原籍，參與者陸續退伍轉業了事。

過去常說，部隊不是真空，社會上的事物都會在軍營中有所反映。同性戀現象，古今中外有之，尤在軍旅更甚。儘管它是客觀存在，但從未得到正視，也未得到疏導，長期以來與道德敗壞、違法亂紀為伍（刑法和紀律條令似乎無此條款）。五中隊一位戰士，劉姓，熟睡中感覺有人壓在身上，睜眼看竟是機關的一位男性參謀。小劉驚愕：「你想幹啥？」參謀笑答：「你真的很好看，想親親你！」

一九七二年冬，我在新兵連當班長。連隊的副指導員是政治處某股幹事，陳姓。有一天，他滿臉惱怒地找我：「你們班有兩個新兵在山上玩小ＪＪ，你知道嗎？查一查，退掉。」莫名其妙，他們玩他們的，我怎麼能知道。再說退兵是簡單，但後果複雜了去，這倆兵回去對家長怎麼說，這一輩子在社會上怎麼混？

過了兩天，陳副指又來追問，我的回答是，查了，沒人承認。如果是現在，我會建議他用平和的心態去聽一個微黃的老段子：自己的東西掏出來自己看看，跟別人沒關係。

奧地利作家斯蒂芬•茨威格在自殺前完成的回憶錄《昨日的世界——一個歐洲人的回憶錄》中，對性有一段精闢的論述：「一旦把魔鬼關在門外，十之八九，魔鬼會被迫從煙囱或者後門進來。凡是受到壓抑的東西，總要到處為自己尋找迂回曲折的出路。所以，說到底，迂腐地不給予任何關於性的啟蒙和不准許與異性無拘無束相處的那一代人，實際上要比我們今天享有高度戀愛自由的青年一代好色得多。因為只有不給予的東西才會使人產生強烈的慾望；只有遭到禁止的東西才會使人如癡若狂地想得到它；耳聞目睹得愈是少，在夢幻中想得愈是多；一個人的肉體接觸空氣、光線、太陽愈是少，性慾積鬱得愈是多。」

用這句話收官，甚好。

捌　走千山過萬水

誰能比我們
更熟悉
萬水千山，
我的腳
丈量過
每一重峻嶺，
每一座峰巔。

誰能比我們
更熟悉
千山萬水，
我的手
描繪出

每一朵浪花，

每一片波瀾。

這幾句口號式的詩歌，摘自我早年發表於新疆《天山》雜誌的長詩《測繪兵之歌》，標準的文革軍營體。

詩，寫的概念，吟誦的內容更實在。作為測繪兵，踏遍名山，游遍勝水，是最尋常不過的事，這也是讓那些關在鐵打的營盤裡的兄弟兵種很是眼饞的。

古時候的江蘇江陰，出了位資深驢友，叫作徐霞客（本名徐弘祖，徐霞客只是他的別號），寫了一本遊記，落得個名垂青史。其實，他老人家與我們測繪兵絕對不在一個平臺，幾乎沒有可比性。我們的遊記（地圖），是用一代接一代的腳印寫出來的，是蘸著一滴又一滴的心血畫出來的，是放之四海、傳與後人而皆準的。

一

我的家鄉揚州地處蘇中平原，所謂的觀音山、小金山就是個大土堆。當兵後的第一兵站（新兵連）是鎮江小畜莊，軍營北面的那座高麗山成了我有生以來征服的第一高度（海拔四百二十五・七米）。

某周日，邀三五鄉黨攀上山頂。登高遠望，長江宛如一條淡灰色的織帶，家鄉影影綽綽、依稀可見。此情此景，讓已有遊子感的我熱血賁張，胸中似有很多話要抒發、要傾訴，就是倒不出來

（肚子裡墨水太少），只能對著空氣大聲的「啊」了幾聲。後來山越爬越高，才明白高麗山也不過是個小山包。

在我的記憶裡，去的最多感情最深的當屬大別山。這座山脈，很霸氣地鎮壓在鄂豫皖三省的邊界；春天是紅的，杜鵑花開起來一簇簇、一片片，豔的令人不忍閉眼；冬天是香的，路旁、溪邊的蘭花悠悠地散發著清香。彈指間過了四十多年，大別山的杜鵑還在吐豔、蘭花還在飄香嗎？我不知道。

歷史的車輪馳進了偉大的二十世紀七〇年代，大別山的山民依然很窮，還過著和萬惡的舊社會大差不差的日子。沿公路的靠部隊營區的家境略好一點，大山深處的農家是清一色的泥巴牆茅草房，家具大多也是用泥磚壘就的，兩根毛竹中間穿紮些草繩即為床，魚網般的破絮裹著茅草即為被，出門只有一條褲子遮羞的決非一家一戶。

在雞鳴鬧三省的大山腹地，某外業組走訪一家農戶。這家老人見部隊上的人來了，激動地雙目噙淚，連聲說：「紅軍同志們，你們終於打回來了！」戰士向他解釋我們不是紅軍，是解放軍，新中國已建立二十來年了。他聽不懂，很疑惑地問，「今年是民國哪一年？」現在看來，從這座大山裡走出近百位共和國的開國將領毫不奇怪，窮則思變是硬道理。

前些日子我去武漢，坐了一趟高鐵，感到時間被顛覆了，空間也被顛覆了。過去的漫漫旅途、重重關山，已成為空中坦途、雲里大路。從南京至武漢，途經六安、金寨、麻城、紅安，只用了四個小時。當年紅軍鄂豫皖根據地的地盤上有了一條貫通的動脈，大別山活了！

有個口號，叫做要想富先修路，這條鐵路的修建，無疑是執政者對大別山老百姓最好的回報和補償，功德無量。

印象中，夏天最冷的是五臺山。我調至部隊政治處工作後，下部隊的首秀就去了在山西五臺山測繪的外業隊，住在五臺山人民公社（應是現在的臺懷鎮）的院內。

外業調繪就是徒步去調繪航拍相片上的地形地物（人文地理資訊），山叫什麼山，河叫什麼河，路叫什麼路，村叫什麼村等等，還要測量並計算出各種資料，不可省略，不能存疑，這是現今的衛星遙感正射影像地圖也無法替代的功課。

我跟著他們跑了幾天，光顧過十幾座大小寺廟。除了顯通寺和那座標誌性的白塔外（家鄉的揚州瘦西湖畔也有一塔，造型相似，應該是侵犯了五臺山的智慧財產權），大多是斷壁殘垣，無人照料。更令人唏噓的是寺中佛像不僅缺胳膊少腿，而且前胸後心毫無例外地被掏個大洞（傳說中的藏寶之處）。這是當年山西大學的紅衛兵，驅車百里完成的重點「破四舊」項目。

建軍節那天，我和外業隊助理員潘家余（現定居南京），帶著幾塊肥皂到老鄉家換公雞（老鄉留著母雞生蛋，不換），準備節日會餐的主要食材。途中兩次巧遇佛教界的領袖趙朴初先生一行（老先生至今仍是我的偶像，特崇拜他的書法），當時真想問問，他目睹佛家四大名山之首的五臺淨地遭劫的感受，囁囁嚅嚅了許多沒敢奔主題。

當地農民的商品交換標準，一塊肥皂可換一隻公雞或數斤雞蛋，對解放軍是只要肥皂不要錢（城市的計畫供應使洗衣皂成了鄉間奢侈品，奇缺）。潘助理生得高頭大馬，肉感很敦厚的臉龐上閃爍著一雙智慧的小眼睛，在我們部隊享有排長工資、將軍氣派的美譽（那時沒軍銜，分不清職務高低）。農民們見了他肅然起敬，這麼大的首長親自來換雞，交易自然很順利，少了若干口舌。

潘助理自封大廚，分配我到山間溪邊去洗雞。雙手下得水去，便覺得冷，開始發紅，繼而發麻。洗著洗著居然要不時搓搓手、呵呵氣，才能繼續水中作業。清澈的溪水實際上就是山頂剛剛融化的雪水，不冷才怪呢。

這還算不得什麼，冷還有的是。五臺山得名於東西南北中五峰環抱，峰頂皆平坦如臺。作為測繪兵，入得五臺山，不上五臺頂，傳出去太難聽。翌日，組長楊進華要去北臺葉鬥峰（五臺中最高峰，海拔三千〇六十一・一米）一帶調繪，我強烈要求隨行。

楊組長是山東人，說話直來直去，舌尖上經常得罪人。但對我卻很友善，不僅同意帶我徒步登頂，還找了件髒兮兮的羊皮大衣讓我帶上。見我面露詫異，冷冰冰地扔下一句話：「到時你就知道它好了！」

那天是個陰天，山剛爬了一半，已覺寒氣襲人，草叢中的露水沾在鞋上、褲腳上，一會就結成了冰。登上臺頂後，隨行的小草狗（中華田園犬、楊組長的寵物）吱吱直叫，竟然凍的癱在了地上，狗毛上全是冰棱。

八月二號，此時我的軍營我的家，正是「烈日炎炎似火燒」的盛夏。同是祖國大好河山，差別太大了。

還有更高更冷的。祁連山脈東部的冷龍嶺，聽名字就覺得冷颼颼的。最高峰叫崗什卡峰，海拔五千二百五十四・五米，常年冰川縱橫，積雪不融。上世紀五〇年代的中蘇蜜月期裡，前蘇聯測繪人員選擇最好的季節和最佳的天氣，用直升機空降人員、建材，在峰頂設置了大地座標標墩。

按照地圖測繪的技術規範要求，需要精確地在一比五萬航攝相片刺定大地座標點的位置（誤差範圍不得超過〇・一ＭＭ），作為發展測量控制點網路的中樞支撐和技術參數依據。數年來，為了這個座標，有幾支部隊和地方同行來過這裡，都因山高峰陡、地勢險要、雪崩頻發而止步。

登峰刺點的重任落到了四中隊四分隊長馬輝力（曾任上海警備區某處處長，轉業後任上海某區拆除違法建築辦公室主任等職）的肩上。馬輝力一張娃娃臉，一雙眯眯眼，長時期被戰友們昵稱小馬。從我倆相識直至現在，他幾乎在每個崗位上都要鬧出點聲響，或轟轟烈烈，或生生死死。話說的大氣，活幹的也大氣。

作為畢業於解放軍測繪學院的優秀生，他深知攀頂任務是光榮的，更是艱險的，玩不好是要出人命的。究竟是從南坡還是北坡攀峰，讓他躊躇再三，舉棋不定。南坡堅冰較少，氣候變化不大，坡度易於攀援，但雪崩頻發，危險性大；北坡山勢陡峭，冰崖怪戾，氣溫寒冷（撒尿落地成冰），登頂的難度很大，但是安全係數相對較高。

副指導員繆大寧（曾任我們部隊宣傳股長，轉業後在江蘇省旅遊學校任校長）傳達了中隊領導的決定，與小馬的想法不謀而合，北坡登頂成為首選。在裕固族嚮導安志民的帶領下，由繆大寧、馬輝力、周天生、沈孟燦組成的登山小分隊向峰頂進發。

接下來就是攀冰崖、翻冰牆、爬懸冰，一步一險，步步驚心。

距離崗什卡頂峰還有一百餘米，勝利在望。突然，安嚮導腳下一個踉蹌，順著冰坡徑直滑向冰淵，由於弟兄們相互繫著尼龍繩，也一個接一個地隨之而下。在這緊急危險的關頭，馬輝力將手中的傘刺（鋼製，可插在土中支撐陽傘而用）猛地插進冰雪之中，用身體緊緊壓住，有效地減緩並阻止了下滑。

閻王殿前轉了一圈，生與死的距離太近了。

本想再次組織衝刺，但安嚮導死活不幹，說這種天氣這個季節從來沒人上去過，再上就一句話：死路一條！嚮導罷工了，弟兄們只能悻悻地返回大本營，北坡登峰宣告失敗。

軍令如山，時不我待，總部下達任務必須要如期完成。四分隊從甘肅省山丹縣驅車四百餘公里，來到青海省門源藏族自治縣，實施南坡登峰測量作業。

馬輝力對我回憶當年，仍覺心有餘悸：「南坡登峰危險性更大，以往兄弟軍區測繪部隊已有官兵遭遇不測，我做好了光榮的準備。在蠟燭下給黨組織、父母以及熱戀的女朋友各寫了一封遺書，並附上了一千四百餘元（全部積蓄）的黨費。大寧堅持要帶隊攀峰，我堅決不同意。由於高原反應，他一路上吐了二十幾回，連膽汁都吐了出來。再說他的愛人已經懷孕，不像我光棍一條。

「藏族嚮導昝朗東珠（當地民兵營長）走在隊伍前面，我走在最後。接近峰頂時，一道巨大的冰崖擋住了去路，難以攀援。我下令前隊變後隊，在大家的協助下首先攀上了冰崖，再將弟兄們一個個拉上去，順著冰脊艱難地向前挪進。一步一步，終於可以看到頂峰露出的標墩了。我迅速拿出立體鏡，對照周邊的地形地貌，在航攝相片上刺下大地座標點的位置。

「就在這時，我發現眼前的山脊裂開了，脫口說了二個字『雪崩』，就隨著呼嘯而下的雪流向山下滾去。堅冰將棉褲、絨褲劃破了，屁股劃出一條兩寸長的傷口，右腿撞傷了（至今未愈，上世紀八〇年代評為八級軍殘），手槍皮帶割斷了（所幸手槍未失）。我下意識地緊緊地抱住資料夾，裡面不僅是珍貴的已刺點的航攝相片，也是我和戰友們的鮮血和生命。

「轉瞬間，我們從山頂直瀉到四千八百餘米處，摔下來近四百米（相當於從上海浦東的金茂大樓頂層掉至地面）。萬幸的是，雪流在一個平坡上放緩了速度。當時的場景真是悲愴，什麼都看不見，滿眼全是雪。空氣似乎凝結了，死一般的寂靜。

「我艱難地從雪中爬了出來，按事先約定拔出手槍，先連發三槍（我們還活著），再發兩槍（我們已受傷），再發三槍（迅速組織搶救），隨之就昏迷了。等我醒來，已經躺在大本營裡。讓我狂喜的，登頂的戰友全部活著；讓我心痛的是，嚮導昝朗東珠傷勢最重，頭被砸破，血流不止。

他的手錶被砸壞了，時間定格在十二：〇五，這是一個讓我永遠銘刻在心裡的時間。」

小馬（現在該稱老馬）回營後，送了我一把工藝很講究的藏刀，還有一根用白牦牛尾巴做的佛撣，說是大難不死的紀念。我問埋在雪裡啥感受，他淡淡地回了一句：「可惜了我的一副好墨鏡。」

順便聲討一下。不可思議的是，當時的部隊領導居然沒有想到也沒有安排經費為弟兄們裝備一副雪鏡。官兵們在高原雪山作業時必不可少的墨鏡，都是自費購買或由家中寄來的。由於內地生產的墨鏡，功能的裝飾性大於實用性，根本對付不了雪光的反射（新雪對日光的反射率達九十五%，肉眼看雪幾乎等同於直視太陽），不少官兵眼睛發紅、刺痛、常流淚水，有的得了雪盲症（真的不把眼睛當眼睛）。

裕固族嚮導傳授了一個偏方，用蚊子的腦袋熬湯，再用毛巾醮湯敷在眼睛上，既能治療又能防灼，據說靈驗的很。但是，在這冰天雪地裡到哪去找那麼多的蚊子，而且還是蚊子的腦袋。後來，戰友們乾脆把兩三副墨鏡同時架在鼻樑上，去完成各種需要用眼睛的活計。

二

大山印象是冷，大海印象則是熱。

我剛到部隊學野戰制印時，每天印的都是東南沿海島嶼的兵要地志。上千座島嶼的地形地貌地物曾在機器中下走過，難忘的是那些個別具一格的島名：白沙山、黃龍島、青浜島、綠華島，大鵬山、大魚山、大貓島，雞籠山、馬跡山、西鹿島、螞蟻島、西蟹峙、蝦峙島、蛇蟠島、鼠浪湖，桃花島、梅山島、枸杞山……

沒想到若干年後，外業隊在東南沿海進行新一輪測繪作業，也給了我奔向大海的歷史性機遇。兄弟部隊的登陸艇像計程車，又像過山車。我們打個電話、招招手，想上哪就送到哪。這種免費的午餐吃起來很不輕鬆，有時，出海時風平浪靜，不一會就刮起大風。巨大的浪湧，把登陸艇時而推上浪尖，時而拋進波谷，反覆而又機械地測試我們的身體和心理承受能力。

我在顛簸中成長，在嘔吐中成熟。先後從內島到外島，從大島到小島，登上了幾十座曾在地圖上神遊過的島嶼。那時的普陀島不收門票，桃花島上也沒幾棵桃花（金庸先生的《射鵰英雄傳》還未流行）。我在飽覽海景的同時，也見證了戰友們為了海島測繪，戰颱風、迎暴雨、鬥潮汐的種種壯舉和磨難。

大長塗島外側臨近公海處，有座礁石叫做小扁簪，每年陰曆八月十五大潮汛的時候露出海面約二十五分鐘。要測量出它的座標恰似大海撈針，因為當年測量一個座標常規需要一小時左右，還要是技術熟練的控制測量員。

又是馬輝力遇上了這根難啃的骨頭。八月十五那天，海上生明月，測標最佳時。他帶領四位弟兄，乘著機帆船來到小扁簪附近的海面。

海水退潮了，礁石隱約可見，馬輝力和副分隊長盧月山踏著沒膝的海水跳上礁石。隨著經緯儀飛快地轉動，他們僅用了三十五分鐘就完成了控制點測量。海水漲潮了，淹沒到腳背上。機帆船緩緩駛來，剛把盧月山和儀器、腳架接上來，船底就出現觸礁徵兆，不得不立即退了回去。

馬輝力異常清醒。出發前，他做了三天的功課，推演了各種的可能和應對預案。此時讓船強行靠攏，如果觸礁將導致船毀人亡。當然，他也有可能在礁石上站立不穩，被迅速上漲的潮水捲入大海。現在能做的就是和潮水賭一把，冒死等待海水上漲，為機帆船接近創造條件。

時間一分又一分地過去，船上的人焦急地等待著他的命令。當海水已漲至大腿膝蓋時，馬輝力大吼一聲：「船，對準我開過來！」當機帆船駛到近前，他激發全身洪荒之力，從海水中奮力躍起，雙手攀住了船弦。故事的結尾有點老套，他被七手八腳地拉扯上船，然後大家抱作一團，笑著並哭著。

我到岱山島時，小馬在駐地沽了點小酒，讓我品嘗他從礁石上揀來的海螺，狀態還沒有走出小扁簪：「我以為這次真的要報銷了，沒想到還能和你對酒賞月。我這個人嘛，逢凶化吉，遇難呈祥，命大福大啊！」

有件事挺鬱悶。海水是藍的，這大概是沒到過海邊的人們共識。我登島以後，見到的東海卻是黃的，混沌的土黃色，靠岸邊的水還有點發烏（那時沒有環評、污染的說法）。登陸艇上有位艇長是我的地道老鄉（揚州江都嘶馬人），說你見到的只是沿海、環島的海水，找個機會拖你到公海裡兜兜風，見識一下真正的海。

有次去前沿的一個島礁作業，老鄉艇長兌現了諾言，登陸艇直往公海馳去。

那是一個難得的好天氣，風平浪靜。極目四望，是無垠的蔚藍。看不到島礁，看不到海岸，甚至看不到一艘船、一隻鳥。只緣身在海深處，才知道世界之大，天地之寬；才知道挨領導幾次批評，被報刊退幾次稿件，遭暗算吃幾次悶虧，戰友間鬧幾次彆扭，不過是神馬浮雲。後來，去過很多海，看過很多海，從三亞到夏威夷到加勒比海，都很美，都沒能找到這次初識大海的強烈感受。

當年要解放臺灣，舟山群島是前線。大小島嶼上都有營房，有的島上的軍人甚至多於老百姓，是主要的消費群體。

相對於山民，漁民的商品經濟意識要強大的多。孩子們從小就會做生意，把一手長的大蝦用繩子串起，見到穿軍裝就前後腳地跟著，一毛錢一隻，一元錢一串（有十一只），概不還價。漁民們家家戶戶儲存著大量的黃魚乾、鰻魚乾、墨魚乾，價格也全都一樣（屬於早期的行業壟斷），全天候地等待著軍人光臨。

解放軍人多、錢多，但不傻，也研究出若干維權攻略。有次去漁民家買海蜇頭，同去的戰士傳授秘訣，不在還價重在還秤，並讓我看他表演。

漁民從水缸裡撈出浸泡在鹽水中的海蜇頭裝入蒲包，飛速過秤後報出：「十斤。」戰士的表情顯得有點木訥，語速更是遲緩：「不對，是九斤吧？」

「明明是十斤！」

「你再秤秤嘛，我們不還價，你可不能少秤。」

「我怎敢少解放軍的秤，是十斤」。隨著鹽水不停地從蒲包中滲出，原先翹起的秤桿垂落了下來。

「沒冤枉你吧，秤不足，不急，我再來稱稱。」那戰士說話仍然不緊不慢。

又經過幾個小回合稱秤、驗秤，蒲包裡的海蜇頭只剩下了八斤多些，比較接近真實。歸營路上，我倆歡歌笑語，快活的要命。

要離開海島了，再找找樂。

登島不久，就聽說舟山有位受到全國人大常委會副委員長郭沫若詩贊的「亞洲第一美女」。當年沒有「選美」之類的秀場，哪裡出個美女、靚仔什麼的，觀者必定趨之若鶩。揚州第一百貨公司賣襪子的櫃檯，曾有一位營業員被譽為「美男子」。一時間，這個櫃檯的人氣極旺，小姑娘、大嫂子、老媽媽絡繹不絕，多次創下襪子的銷售量新高。眼下這位美女，被郭老冠為亞洲第一，不見一面豈非罪過。

在幾位同鄉戰友的陪同下，好不容易找到了美女的家。可能是常常有人來看美女，她的家人對我們的突然造訪並不詫異，很淡定地說她今天身體不舒服，正在睡午覺，你們換個時間再來。變相的逐客令讓我們不好意思在小院中再逗留下去，只得悻悻而別。

大老遠的跑一趟，啥也沒見著，實在是心有不甘。有一戰友很大膽地繞到屋後，惦起腳尖從窗戶向裡屋偷窺，並用誇張的手勢招呼我去群窺。美女真的在睡覺，從我這個角度能見到的是她露在蚊帳外的腳，一雙普普通通的大腳，產生不了與美人有關的些許聯想，有點失望。

後來聽說，這位美人年輕時曾與海島駐軍的一個小軍官相愛。軍官轉業前，提出要將她帶回家鄉（一個大城市）成家。她坐在礁石上，讓海風吹了一天一夜，終於下定決心，毅然拒絕了那位軍官的求婚。理由很樸實，就像哪首歌裡唱的，「漁家姑娘愛大海」。島上的年輕人男多女少，女孩都跟當兵的走了，將來誰來織補魚網，誰來操勞家務，誰來生兒育女？如此看來，「亞洲第一美女」的成分中，心靈美的比例應該更多一些。

現在回想起來，幾個穿軍裝的小夥子，闖到老百姓的家中，點著名要看美女，還偷窺，有點屌絲。其實，比這更屌絲的事，當年也沒少幹。一代人有一代人的風流，一輩人有一輩人的荒唐，年輕人做點傻事，上帝也會原諒。

對我們測繪兵來說，再熱，扛的住；再冷，也扛得住；最難對付的是冷熱無常，輪番肆虐。「早穿皮襖午穿紗，夜圍火爐吃西瓜」，這句話一點不誇張，也一點不浪漫。大凡是跑過三五年測繪外業的，都有過這種冰火兩重天的深刻體驗。

在甘肅騰格裡沙漠的「鬼坑」地帶，時任三中隊一分隊長的步錦昆，就經歷了一次典型的生死之旅。

那天清晨出發時，風還帶著絲絲寒氣。太陽一出來，氣溫很快升至攝氏四十度以上，解放鞋踩在沙子上，像踩在炒毛栗子的鐵砂裡，穿著嫌熱，脫了燙腳。身上的工作服濕了又乾，乾了又濕，很快綴上了一圈圈閃著亮點的汗漬。

步錦昆將人馬分成兩組作業，一組由副分隊長帶領在公路沿線組織觀測，他和戰士小吳去大漠深處布點、豎尺規、插旗（紅白雙色的測旗，觀測標誌），這是個很辛苦的活。

兩組分開以後，突然傳來巨大的風吼聲，一堵褐色的沙牆疾馳而來，轉瞬間天昏地暗。面對這種罕見的大風沙（現在的標準語：強沙塵暴，能見度小於五十米），最佳的求生方法是就地挖個坑，用衣服將頭蓋上，聽天由命。但那時部隊的政治氛圍是「一不怕苦，二不怕死」，壓根就沒有進行這方面的科普教育。

求生的本能和知識的缺乏，驅使他倆犯了個致命的錯誤，在風暴中企圖向另一組靠攏。風沙平息後，老步發現迷路了，戰友們和公路消失的無影無蹤，這是比強沙塵暴更恐怖的事情。當年沒有電臺、手機，更沒有短信、微信什麼的，大漠中的迷路意味著斷絕了與外界的聯繫，甚至意味著死亡（據說，科學家彭加木先生就是迷路後因饑渴而昏倒，不幸被狂風掀起的沙浪淹沒）。

夜幕茫茫，氣溫很快降到攝氏零下十多度，他倆隻穿了一件工作服，凍得牙齒直打戰。好在小吳抽煙，用僅剩的四五根火柴，抖抖瑟瑟地點燃了一些芨芨草，苦熬了一晚。

天亮了，隨著太陽的升高，氣溫也重新回到了火爐。頭上是無遮無蓋的烈日，腳下是熱氣炙烤的沙礫，茫茫瀚海分不清東南西北。步錦昆的業務技能很棒（他後來擔任軍區作戰部測繪氣象處處長多年，決不是偶然的），用經緯儀上的羅盤反覆測定了方位，帶著小吳艱難地向公路方向走去。

整整兩天一夜，身上沒有一點糧食，水壺早就倒不出一滴水。聽說過有戰友渴的實在不行時，喝過自己的尿。當他倆也想模仿時，驚詫的發現因為脫水連小便也沒有了。想登上沙丘觀測一下地形，走一步退兩步，兩條腿像踩在棉花上似的，使不上一點氣力。就在他倆體能消耗殆盡，即將爬向奈何橋之際，一位放駱駝的牧民傳奇般地出現在視線裡。

前不久，步錦昆邀我夫婦及江蘇文藝界的幾位省政協委員小聚，提及此事仍感慨多多：「那位牧民趕來後，我從地上一躍而起，動作之快連我都感到吃驚，一把搶過掛在駱駝上的水囊就喝起來，也顧不上什麼『三大紀律八項注意』了。到了牧民家中，我和小吳對著水缸狂飲，一直喝到嘴喝不動、肚子喝不下了才停下來。回到駐地，聽說部隊指揮部已將我倆失蹤的情況上報了蘭州軍區，正準備展開大範圍的搜救行動。」

三

測繪部隊外業時持有兩把「尚方寶劍」。

一是蓋有「中國人民解放軍總參謀部」紅色大印的軍事測繪公函，相當於特別通行證。在中國的土地上，沒有敲不開的大門，沒有進不去的禁區，想到哪就到哪。

在內蒙古某測區外業期間，有個小組抄近路登上了一個布有控制點的山頭。往下一看，山溝裡是一字排開的裝上導彈的發射架。正當他們納悶，如此軍事重地為何無人防守時，兩個冰冷的槍口逼了過來。表情嚴峻的哨兵手持衝鋒槍，很生硬地責令不得架設儀器，很仔細地審問起身分。

當拿出總參的公函後，哨兵哪見過這種高規格的文件，更加感到可疑，像抓到三個特務似的，把他們押到了山下的營區。經逐級向上請示，得到是我軍而不是外軍、國軍的肯定答覆後，這個部隊的態度大變，禁區如同無人之境，測繪兵的兄弟們想嘛幹嘛。

也有耍威風的情節。在浙江的某縣汽車站，站方有一管理人員比較古板，說裝有儀器和圖片資料的保密箱太重，測旗的竹竿太長，死活不讓上車。帶隊的陳中隊長好言相商，我們任務重時間緊，能否通融一下？站方人員回答：不行。中隊長繼續好言相商，這些器材由戰士裝車，不麻煩你們動手，行不行？站方人員又回答：不行！

這也不行那也不行，陳中隊長火了，亮出了「尚方寶劍」，手持總參的公函，大聲訓斥站方人員：我們是在執行軍事任務，耽誤時間你要負完全責任。只要我們不走，任何一輛汽車都不准出站！不要說是你，就是你們站長來了還是這句話（縣長來了也不行）。

事態發展沒有形成對抗，站方人員跌軟，我方人員順利裝車發車。一路上，大夥都用崇拜的目光簇擁著陳中隊長。當時的口號是「全國學解放軍」，而部隊則要求「解放軍學全國人民」。到我們部隊則形象要求，「走一路，學一線，住一點，學一片」。到哪都要搞好軍民關係，到哪都要把鄉親們當作自家親戚伺候。挑水、掃地之類的事全部承包，還要求打不還手，罵不還口。被「當兵的」「小當兵的」呼來喚去，也只能佯作不惱，笑臉相迎。解放軍也叫工農子弟兵。子弟、子弟嘛，平日裡都是當兒子、當弟弟的份，今天終於小顯了一次軍威，當了回大哥，弟兄們心裡爽極了。

二是蓋有中華人民共和國糧食部和中華人民共和國商業部大印的「軍事測繪人員糧油供應證」，全國各級商業和糧食部門都負有供給的責任。不止一次，外業分隊持該證去測區某些基層糧油管理所購買糧油，對方卻不知道該不該收錢，要向上級請示。甚至有人表示，這是一輩子見過的最大的紅派司（PASS），我們收錢，真是膽有天大啦！

但是，到了偏遠鄉村或者無人區，公章再大再多也不管用了。「渴飲三江五湖，饑餐千家萬戶」，這句話是常掛在嘴邊的，聽上去豪邁的很，測繪兵舌尖上的中國不僅豐富多樣，內裡的酸楚也大了去。

首先，吃飯要講政治、查成分。到群眾家吃飯，事先要打聽清楚，這戶人家如果不是貧下中農，餓死了也不能吃，且不管是否有下毒或者弄點蒙汗藥之類的可能性。再就是吃飯與群眾保持高度一致，老百姓家中有啥吃啥，做啥吃啥。吃後要付錢，還要付糧票。

在新疆北部的阿勒泰縣克蘭河牧區，哈薩克族牧民們十分豪爽、熱情，進得門去便遞過用羊尿脬盛著的優酪乳。開始很不習慣那股直衝鼻腔的酸臭，生理反應是想吐，想吐也要喝，不喝不禮貌。按當今的說法，那可是純天然的有機食品，沒有防腐劑和三聚氰胺什麼的，花再多的人民幣也很難享用了。

在內蒙古的察哈爾右翼前旗，老百姓款待解放軍的禮遇是當地特有的蓧麥捲筒。條件好的有個面版、模具什麼的，家境差的則用世代相襲的傳統技藝。女主人將蓧麥麵糊成團，弄成一個個如同鵪鶉蛋大小的面劑子，隨手將一條腿的褲子卷到大腿根部，用手掌在光溜溜的大腿上將面劑子推成餃皮狀，再用食指將其繞成面筒子，放入蒸籠中蒸熟。

蓧麥捲筒製作過程的觀感不佳，但不吃餓的慌，吃了又憋得慌。這裡的氣溫寒冷（通常在攝氏零下十七度到零下二十五度之間），氣候乾燥（雨雪特少），風沙彌漫。我們這些南方的兵一時無法適應，個個嘴唇乾裂流鼻血。吃蓧麥捲筒的直接後果是大便乾結，人人要拉屎，人人怕拉屎，不拉又不行，只能用手摳。

到了無人區，補充能量的事只能自己動手了。當時，每個作業組都裝備了一套炊具，除了鍋碗瓢盆，還有一個時尚的煤油爐。在高山雪線之上，水的沸點是八十度，煤油爐燒出來的飯一定是夾生的，煮熟的肉一定是不爛的，下的麵條一定是漿糊狀（外糊內硬）的。

上級還配發了一些壓縮瓶乾。據說是為援越抗美的部隊專門生產的，沒用完，撥了一部分給我們。大家開始挺稀罕，包裝精美，味道噴香，一小塊管一頓，真還捨不得吃。到後來發現不對勁了，這玩藝兒沒水咽不下，沒水在胃中攪和膨脹也消除不了飢餓感。到後來，大多戰友對壓縮瓶乾形成了條件反射，閉眼！因為在沙漠和戈壁灘作業，水比金子還要珍貴，乾嚼硬咽時不閉眼絕對下不去。

野外的生存危機，包括但不限於吃喝。蚊叮、蛇咬、蜂螫、蟲擾，如影隨行，不勝其煩。

在新疆荒野，蚊子的個頭之大、數量之多，速度之快、下嘴之狠，堪稱中國的蚊族之最。特別是傍晚，打也不怕，趕也不走，在耳邊嗡嗡地哼著，真是要多討厭有多討厭。稍不留神，露在軍裝外的肌膚就成了它們的流動吸血站，一個俯衝下來就動嘴，緊叮著不放。等你反應過來，一巴掌下去，拍死時已是一肚子血。不少戰友的臉被咬腫，有的腫的連眼睛都睜不開。有一戰士晚上出帳篷小便，私處被蚊子吻了一下，很快就腫了起來，直至行走都困難（一泡尿，尿出個非戰鬥減員）。

面對蚊們的猖狂圍剿，聰明的兵們也想出了若干反圍剿的對策。比如小便時手中拿個火把，大便時點上三四堆火，讓蚊們望火興嘆，投火自焚。

在內蒙古黃土高原，戰友們近三個月沒有洗過一次澡（當地缺水，也沒有浴室這一說），不少人身上都生了蝨子。親歷者邵洪波後來在《軍事測繪在前線》一文中如此回憶：

討厭的「大肉滾子」吸飽了人血後，仍不安穩，挺著鼓鼓的肚皮在身上爬來爬去，搞得人奇癢難忍。我們常常在野外作業中不得不中途停下來解開內衣，極力搜索，毫不留情地緝拿幾個已吃得肚子圓圓的「大肉滾子」，扔到嘴裡嚼一嚼再吐掉，以解心頭之恨。一次，七組組長商忠信竟然組織全組同志進行捉蝨子比賽。

這段文字看上去生動、形象、幽默，但聯想一下，出出畫面，從字縫裡蹦出的卻是另外兩個字：無奈。

四

在上世紀五〇年代初，我國以及前蘇聯的有關專家就已經發現並提出「地圖入侵」的問題。在兩國分別出版的地圖上，邊境劃分不盡準確，你中有我，我中有你。

當時的國界標誌，也絕非豎幾塊界碑那麼簡單。除了十九世紀沙皇俄國與中國簽署的不平等條約所劃定的邊界線，還有實際控制線和歷史形成線。有河流的地區相對清楚，陸地上就不太好辦，爭議多多。蘇聯人先下手為強，在人口聚集地區拉上了鐵絲網；在人口稀少和無人區內，用拖拉機耕了一條漫長的鬆土帶。

當時，大部分有爭議的土地都在蘇聯的佔領下，並且不承認有爭議。與航攝相片上的影像對照，爭議區內有的鐵絲網像長了腿似的，向我方境內走了幾百米，甚至上千米。據邊防站的同志講，這是蘇軍玩的障眼法。月黑風高之時，他們把臨時界線的水泥樁挖起來，偷偷移向我國的境內重新掩埋，讓人覺得這道鐵絲網似乎就是在原來的地方。

在我的心目中，蘇聯紅軍是有著光榮傳統的部隊，一部《解放》電影看得我熱血沸騰。他們當中的一些人（應該是接班人），居然做出這等雞鳴狗盜的事，令人失望。

以河流主航道中心線劃分的國界，有的也變了模樣。航空相片上的比列孜克河，原先是一條水流湍急的大河，河兩岸是茂密的白樺林和深深的灌木草棘。現在蘇聯在上游建了一個攔水壩，把水引到他們那邊去建設美麗新農村了，致使原來的河道只有一米多寬，有的地方甚至已看不見水。鬆土帶多年沒有耕耘，淹沒在雜草和碎石之間，不仔細辨別很難發現，調繪時不經意間就走到蘇聯那邊去了。

有次，我們部隊的林副參謀長（後任副部隊長）帶著幾個弟兄們正在邊走邊判讀鬆土帶，與蘇軍巡邏的隊伍狹路相逢。蘇軍的頭頭指手劃腳，哇啦哇啦說了很多，一句也聽不懂，應該是指責、抗議的意思。我們也學習了一些簡單的俄語，類似於戰場喊話，此時派上了用場。

林副參謀長是瘦高個，五官長的有點像他們的前領袖列寧，說起俄語來很有份量：「這是中國的領土，你們越境了！」「繳槍不殺，我們優待俘虜！」（就會這兩句）。不知蘇軍有沒有聽懂，見我們沒有退讓的意思，那個頭頭翻翻白眼聳了聳肩，領著隊伍掉頭走了。這次遭遇在我們部隊廣為流傳，林副參謀長也成了具有傳奇色彩的反修勇士。

測繪的原始資料是航空攝影相片。我們手中持有的相片是蘇聯早年航拍的，資料老的掉了牙。重拍的可能性不存在，連我們在地面上的插旗、觀測動靜大一點，蘇軍的直升機很快就升空。所能參考的也是蘇聯在上世紀三〇年代末繪製的一比十萬老地圖，反映的地物、地貌非常簡單，可判讀率僅有三〇％。

為了測定精確優質的地圖，同時也為了避免不必要的軍事衝突，戰友們把聰明才智發揮到極致，比如（專業性太強，不展開了）。

寫到這裡，突然想起了崔健演唱的《假行僧》。這是一首我很喜歡的歌，沙啞而充滿穿透力的演唱激情四溢，那氣勢那意境彷彿就是入疆的測繪兵的寫照。

我要從南走到北，
我還要從白走到黑。
我要人們都看到我，
但不知道我是誰。

我有這雙腳，
我有這雙腿，
我有這千山和萬水。
我要這所有的所有，
但不要恨和悔。

一九七六年，我以新疆測繪的生活為背景，寫了一部長篇敘事詩（約四千行），取名《邊境風雲》。才華橫溢不敢說，勤奮刻苦是必須的，自我感覺忒好，曾有點厚顏的自詡：這是繼聞捷老師的《復仇的火焰》之後，當代新疆題材的又一部史詩（少年麻木的佐證）。

因為寫的是新疆，所以就寄給了新疆人民出版社。很快，該社文藝組給我來信，通知詩作已被該社列入了出版計畫，並提了些具體意見，讓我抓緊修改，以便儘快出書。

與此同時，曾赴疆外業的劉國文看了詩稿後感到很親切，寄給了他在天津百花文藝出版社的大哥劉國梁。劉哥是位老編輯，也是位頗有名氣的詩人。他對這個選題倍感興趣，讓天津百花出版社列入了出版計畫，並搶在新疆人民出版社之前，給南京軍區文化部發了函，請求部隊安排時間讓我改稿。

當時天津百花出版社出版了若干種優秀書籍，在中國文壇的影響很大、名氣很大。在不允許一稿兩投的情況下，兩社相比取其大，我很勢利地婉拒了新疆人民出版社，把自己拴在了天津百花文藝出版社這棵大樹上。

部隊還挺當回事，在招待所開了個房間，讓我全脫產改稿。在此期間，劉大哥作為責任編輯，專程來南京指導我修改，曾指著稿紙對接待他的我們部隊政治處張副主任（他倆同為山東同鄉）說：「這是詩，是真情實感，是突破！」。我去天津定稿時，劉大哥仍自信滿滿，讓我回去靜候佳音。

戲到高潮突然落幕。在滿懷幸福感的等待中（即將出書的牛逼吹了不少，預祝成功的酒也喝了幾頓），我收到了劉大哥一封滿紙歉意的信，告之由於種種原因，詩稿不能出版了（到現在我也不知道究竟是什麼原因）。很快，又收到了天津百花出版社寄來的一筆數額較大的違約金（出版稿費的三分之一強）。

這樣的結局，始料不及，對我的打擊很大，一年的心血全部泡了湯。如果當初不見異思遷，應該是可以在新疆人民出版社順利成書的。但是，人生不存在如果，也沒有那麼多的應該，走過路過千萬不能錯過，錯過的也就永遠錯過了。

前不久，隨曾在我們部隊政治處工作一群戰友，回老部隊省親，目睹了我軍事測繪事業的魚龍轉化。今天的測繪兵已告別了「一步步的走，一尺一尺的量、一筆一筆的畫」的傳統作業生產方式，用上了電腦、衛星、機器人、無人機，實現了從傳統測繪保障向資訊化測繪保障的轉變，構建起嶄新的軍事測繪體系。

鐵打的營盤流水的兵。我倍感自豪的同時也很感慨，我們曾經站在前人肩膀上發展，又為後人的超越夯實了基礎。每個時代都有自己的驕傲，每代測繪兵都有各自的輝煌，唯一不變的是兵種的榮譽和尊嚴。

玖　批判復批判

上世紀七〇年代，是一個大批判的年代。

批陳整風、批林整風、批林批孔、批儒評法、批走後門、批資產階級法權、批《水滸》、批唯生產力論、批崇洋媚外、批安東尼奧尼的紀錄片《中國》、批「兩個否定」、批正在走的走資派、批右傾翻案風、批「四人幫」、批「兩個凡是」，一個接一個的批判，也就是一個接一個的運動，成了我們精神生活的一日三餐。

一

一九七一年九月中旬的一個傍晚，我去軍營附近的作廠鎮照相館取照片，路遇一組豪華車隊呼嘯而過。領頭是輛軍用「北京」牌吉普車，緊跟著四五輛蘇製「伏爾加」牌轎車，隨後又有幾輛「北京」牌吉普車。當年，「伏爾加」轎車是軍職以上幹部的公務用車，成雙結隊地行駛在公路上非常罕見。

我回部隊後，立即向戰友們描述這次奇觀。大家一致認為，是一位中央的大領導到南京來了。

若干年後，我參加了協助許世友將軍整理回憶錄的寫作班子，才知道目睹的這個車隊，承擔著重大而又特殊的使命。

一九七一年九月十三日，時任中國共產黨中央委員會副主席、中國共產黨中央軍事委員會第一副主席、中華人民共和國國防部部長的林彪及其妻子葉群、兒子林立果等人，乘坐空軍的一架二五六號「三叉戟」飛機從山海關機場起飛。凌晨二點二十五分，在蒙古人民共和國肯特省省會溫都爾汗附近墜毀，機上九人全部死亡。

這就是震驚中外的「九一三」事件。

我在《毛澤東之劍》一書中，對中央政治局委員、南京軍區司令員許世友和南京軍區在此事件中的地位和作用，率先作了概括性的記敘。

當天凌晨四時，周恩來在電話中用清楚而又含蓄的語言告訴許世友，林彪出了事。命令部隊進入一級戰備，組織戰時指揮班子進入指揮位置，保持對部隊不間斷的指揮，嚴防任何意外事件的發生，要準備打仗。

國難思良將。九月十五日，許世友赴京受領任務。毛澤東專門交代，許世友來回只准坐火車，不准動飛機。毛澤東、周恩來與許世友交談了些什麼，未見任何文獻資料，許世友也從未向我們寫作班子說過。但從他回來後採取的幾個大動作，可以從中揣測一二。

一是全面封鎖機場和港口。命令軍區所轄的陸軍野戰部隊以最快速度進駐南京地區各軍用機場和港口，執行護場和護港任務。不准跑掉一架飛機，不准開走一艘船。

這些部隊當時有的在執行施工任務，有的在進行野營拉練，有的還在外參觀學習。接到命令後，紛紛以強行軍的速度急赴目的地。部隊到達各機場以後，實施「全封閉手術」，把數以千計的軍用汽車和坦克開上了飛機跑道，各港口也由陸軍老大哥代為警戒，並「代為看管」了各機場和一些艦艇的槍枝彈藥。

緊接著，指派南京軍區的兩位副司令員分別率工作組坐鎮南京軍區空軍、海軍東海艦隊機關，全面「奪印」，解放軍繳了解放軍的槍。

三是逮捕了一些被認為上了林家父子「賊船」的空軍將領。許世友像戰爭年代下達戰鬥任務那樣，命令南京軍區副司令員兼參謀長蕭永銀：「這是毛主席和周總理親自下達的任務，只能成功不能失敗。人抓回來我請你喝茅臺，人跑了我就抓你！」

我那天晚上看到的，應該就是押解幾位空軍將領回寧的車隊。

一切來的那麼突然，突然的讓人難已置信。

部隊內部對林彪事件的非正式傳達，是由下而上進行的。當年的國慶遊行被突然取消以後，坊間的疑惑和流言漸增。還有細心人發現，按照慣例，當時的幾個同志加兄弟的友好國家和政黨，都會在國慶前發來賀電，收電人大多是：毛澤東主席、林彪副主席。而報上刊登的來電現在都沒了稱謂，上來就是正文，這就怪了。

我們這個部隊有不少官二代（從國家副主席到省委書記、部長、駐外大使、軍隊各級領導的子女），他們的資訊獲取能力是相當強大的。開始，還在各自的小圈圈裡「夜半無人私語時」，很快，在「打死也不說」的承諾下，該知道的都知道了，並向人緣好的領導層面擴散。

相關題材的非虛構文學也進入了軍營。我父親來省城參加創作會議，讓我看了一首趙朴初老先生的《小令・反聽曲》。我讀後感到寫的有趣，大俗中寓大雅，很認真地抄在本子上：

聽話聽反話，
不會當傻瓜。
可愛喚作「可憎」，
親人喚作「冤家」。
夜裡演戲叫做「旦」，
叫做「淨」的恰是滿臉大黑花。
聖明的王侯偏偏要稱「孤」道「寡」，
你說他是謙虛還是自誇？
君不見「小小小小的老百姓」，
卻是大大大大的野心家。
哈哈！

聽話聽反話，
此理信不差。
「高舉紅旗」卻早是黑幡高掛，
「四個偉大」到頭來四番謀殺。
「共產主義」原來是子孫萬世家天下，
看他，耍出了多少戲法！
「千年出一個」，燒香拜菩薩；

「句句是真理」，念經又打卦。
抬高自己是真，擁護領導是假，
管啥真和假，
反正馬列主義、馬赫主義都姓馬。
大喊「共誅」「共討」的英雄，
本身就是「大壞蛋」「野心家」。
可沒料到終於在照妖鏡下，
現出了兇狠狠的青面獠牙。
落得個倉皇逃命，
落得個折戟沉沙，
落得個一堆焦狗肉送給蒙古喇嘛。
悲慘慘的陰魂，
緊隨著赫光頭（赫魯雪夫前兩天才走）去也，
這才是，
「代價是最小最小最小，
勝利是最大最大最大」，
是嗎？

我還抄了一首據稱是毛澤東送給某人的詩詞，還有人說是陳毅寫給毛澤東的。後來有了點文化，才知道這是唐朝作者白居易先生《七律·放言》中的一首，版權與毛澤東、陳毅沒什麼關係。

贈君一法決狐疑，
不用鑽龜與祝蓍。
試玉要燒三日滿，
辨材須待七年期。
周公恐懼流言日，
王莽謙恭未篡時。
向使當初身便死，
一生真偽復誰知？

這首詩哲學地回應了中國民眾非常普遍的疑問，為什麼每天被衷心祝願身體健康永遠健康的人，幹出了這般不近常理的事。我的二伯父王雲翮（曾任中國人民銀行揚州支行辦公室主任，已故）長於思辨，結論是：「一人之下，萬人之上，他再等幾年不就什麼都有了，何至於此！（好像還是不能讓人信服）」。

中央文件正式傳達以後，部隊的第一反應是「去林化」。從營區環境到個人物品，凡是與林彪沾邊的，一律清除乾淨。畫像、照片、題詞、書籍、像章、文檔之類的好處理，實用性的生活用品有點為難。

我當時擁有一個旅行包，是家住上海的大伯父送的，價值相當於我一個月的士兵津貼，放在儲藏室裡的觀感決不會輸給當今的LV包包。要命的是，包上印有林某人的「大海航行靠航手」手跡，洗不掉、刮不掉，不得不忍痛割愛。不僅如此，我們還被要求寫信給親朋好友，發動他們也照此辦理，趕盡殺絕。

也有頂風作案的情節。我自幼喜歡集郵，購買了不少枚毛澤東與林彪合影以及林彪題詞的郵票，參軍後全部留在了家裡。此事讓我很糾集，部隊強大的洗腦式教育已經讓我學會了服從（包括盲從），上級的指示就是我們的意志，理論上是應該銷毀的。但是，對集郵者來說，林彪是哪個單位的無所謂，重要的一套郵票是否完整。

長考許久，我在家信中出了一手試探棋，讓父母盡情銷毀《毛主席語錄‧前言》等與林彪有關的東西，唯獨不提郵票兩字。父母的應手棋也很漂亮，回信說該毀的全都毀了，也沒有郵票兩字。如今，這些郵票仍健在我的郵冊裡，足以證明我們家族的勇氣和智慧（開個玩笑）。

對基層官兵來說，林彪事件帶來的最大實惠，就是不勝其煩的早請示、晚彙報和天天讀，淡出了歷史舞臺。無論是學習的批判，還是批判的學習，為我們打開了一扇能看見別樣風景的窗戶。

對林彪的大批判完全是照本宣科式的，火力瞄準點開始集中在據說是他兒子林立果帶著一幫小兄弟搞的《五七一工程紀要》。這份紀要，我們看到的影印件是寫在一個筆記本上的若干文字，並沒有正式文本，也沒有看到林彪的授意或批示。當然，文中赤裸裸的謀殺、政變，絕對讓我們目瞪口呆，義憤填膺，這個黨內路線鬥爭真他媽的尖銳複雜。

作為一個入伍不滿兩年的新兵，還沒有資質對國家大事具有自己的解讀。但對有些尖刻的言論，譬如青年知識分子上山下鄉，等於變相勞改；紅衛兵文革初期受騙被利用，充當炮灰，後期被壓制變成了替罪羔羊；機關幹部被精簡，上五七幹校等於變相失業；工人（特別是青年工人）工資凍結，等於變相受剝削；今天利用這個打擊那個，明天利用那個打擊這個，今天一小撮，明天一小撮，加起來就是一大批等等，聽上去確是惡毒攻擊，挑撥離間偉大領袖與人民群眾的血肉聯繫，私下想想好像也不完全是胡說八道。

大概也就是從那時開始，我還算純真的頭腦裡除了原先太多的驚嘆號（！）外，也悄悄植進了小寫的問號（？）。

二

批林，批著批著就轉入了批孔。

一九七四年初，中央下發決定開展批林批孔運動的一號文件，附了清華大學、北京大學大批判組選編的《林彪與孔孟之道》（材料之一）。據說，是因為在林彪住所的客廳裡，發現了陳伯達手書「悠悠萬事，唯此為大，克已復禮」的條幅。林彪夫婦在三個月內，書寫了四條「克已復禮」的條幅，相互贈送。在他們的筆記本裡，還查出了引用孔子、孟子的幾條言論材料。

克已復禮，這個詞出自孔子語錄集《論語》。有個叫顏淵的學生請教什麼是仁，孔老師教導：「克已復禮為仁。一日克已復禮，天下歸仁焉！」用當時的話解釋，大概就是努力約束（戰勝）自己，使言行回歸（恢復）周禮的要求，國家即可走上正道的意思。

由此推演出一個結論，林彪效法孔老二的克已復禮，就是同國民黨一樣，妄圖在中國復辟資本主義。所以，「批林」要同「批孔」聯繫起來，必須把他們捆綁打包，一起批倒批臭。孔子死了二千五百多年，還被拉出來與林彪為伍，又一次強化了知名度。

現在看來，就憑幾條條幅，幾張筆記，就論定林彪是孔丘在當代的代言人，似乎不通；同在臺灣小島的國民黨聯繫起來，也有點牽強；但是這個運動就這麼有聲有色地展開了。

有一個當時不懂現在似乎還是不懂的問題。林彪見諸於文件和書籍報刊的講話和文章，對照我們這些基層士兵學習掌握的路線劃分法，無不打上左的烙印，是一位公認的左得不能再左的左先生。而這次運動卻給他戴上了一頂極右的大帽子（注釋為形左實右，打著紅旗反紅旗），不解。

營造大批判的氛圍是測繪部隊的強項，專業人才有的是。我們中隊有個標圖組，個個寫得一手好字，還有會畫畫的。我的同鄉吳禮華（轉業後曾在揚州謝馥春化妝品廠工作，後下海創業，現建了個生態農莊，自娛自樂）擅長畫工農兵正面人物，五官長得特像一家人，濃眉大眼型，很陽光。曾有多幅作品在軍區《人民前線》報發表，還參加過軍區美術作品展覽。

在我的親切指導下，他屈尊改畫漫畫，比如孔老二渴拉拉地收臘肉學費啊、色迷迷地見南子夫人啊、笑眯眯地當魯國宰相啊、惡狠狠地誅少正卯啊，樂顛顛地與林彪擁抱啊等等，一共畫了近二十幅，在中隊俱樂部裡沿牆貼了一圈，廣受好評。

為了配合開展運動，軍區文化部擬舉行一次全區業餘文藝會演。司令部直工部文化科（處）抽調各大直屬單位的筆桿子，成立了一個創作組，指定我當組長，任務是編寫一臺反映部隊開展批林批孔活動的文藝節目。

其間，在軍區大禮堂，聽過南京大學一位教授的輔導報告。說實話，輔導很精彩，教授把孔仲尼從出生到死亡的大小錯誤，一一拎出來重新評判了一番，引經據典，深入淺出，妙語連珠，禮堂不時響起會意的笑聲，說得最多的當然就是「克己復禮」。

創作結束回中隊以後，我把聽輔導報告的情況向吳志聰指導員（後調兄弟部隊任教導員，轉業後在南京玄武區人民法院工作）作了彙報。指導員聽了面露喜色：「正好，上面安排的學習計畫中有這個內容，就由你來講吧！」當年，工農兵上講臺批林批孔是時尚，讓戰士們去講那些不好講也講不好的課，是部隊基層政工幹部很快樂的選擇。

吳志聰是我的老領導，從新兵分到中隊直至調到機關當幹事，他始終是我的指導員。我的入團、入黨、提幹都是在他手上完成的。在我的印象中，他幾乎沒有與人吵過架，很少與人紅過臉；無論幹部戰士，新兵老兵，都平等相處，鮮見居高臨下的優越感。兵在軍旅，遇上一位如此淡定的基層幹部，是一種幸運。他讓我來上這堂課，也有著淡化我經常借調在外、不務正業的印象，強化我還是中隊集體一員的用心。

很遺憾，沒能給指導員爭光，這堂課上的很失敗。我就像個菜販子，把剛剛倒來的貨（中途還散落不少）叫賣了一遭。坦率地說，直到現在我也不能準確的闡述「克己復禮」的內涵，當年的吆喝何等的不吸引買家是可以想見的。

說者雲裡霧裡，聽者更是雲裡霧裡。課上了一半，才把「禮」這個字從原創版講到升級版、精華版，正欲講述禮崩版時，坐在前排的組長們交叉看起了手錶（肢體語言，不耐煩），很傷我的自尊心。你們不買我還不賣了，於是草草收攤，由此還落下了大會發言總不利索的毛病。

批林批孔有點空，說來說去就那麼點事，這場運動又延伸到「評法批儒」。需要解釋一下這句話，八十後大多看不懂。當年的定義很明確，儒，即儒家，頭頭是孔孟師徒，代表著反動落後；法，即法家，領軍人物較多，代表著先進生產力。運動的主旨觀點，歷代政治家有成就的、在封建社會前期有建樹的，都是法家。這些人厚今薄古，主張法治，犯了法就殺頭。儒家滿口仁義道德，一肚子男盜女娼，都是主張厚古薄今的。所謂儒法之爭，就是儒家和法家之間長達千年的鬥爭。

最近，我在書箱裡發現了一本無意間保留下來的大批判材料，標題較長：《法家和儒家兩種軍事思想的對立及林彪與孔孟反動軍事思想的聯繫》。此文的作者們下了大功夫，應該是把《二十四史》翻了若干遍，古今對照，牽強附會，以此證明法家主張「以法治軍」，使軍隊為革新變法的進步政治路線服務；儒家及林彪主張「以禮治軍」，使軍隊為「克己復禮」的反動政治路線服務等等。孔孟師徒居然也有軍事思想、軍事路線，現在讀來覺得新奇，但在當年確是再合理不過的事情。

在以工人和農民為主要成員的國度裡，發動全民學習歷史、評點歷史、批判歷史，的確是大手筆、大氣魄。但需要提升的空間實在太大，不是靠只爭朝夕就能奏效的，而且對立面是千年不倒的孔老夫子。

我們部隊農場有個豆腐房，我的中學同班同學梅玉信（時為十一中隊戰士，已故）被輪崗調去燒鍋爐。梅同學去後就為戰友謀福利，每天留一水瓶原汁豆漿，讓我悄悄去取。豆腐房裡還有個老兵，姓什麼忘了，只記得他是個孤兒，見人就笑，露出兩排四環素色斑的牙齒。老兵從小沒念過什麼書，到部隊後才學了點文化，聽報告聽課很認真，都要記筆記。

有次，聽部隊領導的批林批孔輔導報告，其中說到林彪與孔老二相隔兩千年，但是反動思想一脈相承，鼓吹孔孟之道和中庸之道。散會後我去拿豆漿，老兵很熱情地捧上記錄本，讓我幫著釋疑解難。關於這一段，我看到他的記錄是：林彪借了孔家老二兩千塊錢（應是相隔兩千年），但是只還了一千元（應是一脈相承），有兩個人知道，孔、夢知道（應是孔孟之道），不中用也知道（應是中庸之道）。

部隊如此，地方也一樣，連菜販子都被組織起來批林批孔。南京藝術學院音樂系副主任吳小平

（後任江蘇省文化廳藝術處處長、舞臺藝術總監，現為江蘇省文史館館員）說過一件趣事，當年他去南京科巷菜場買菜，賣菜大嫂邊稱菜邊發牢騷：「這個馬克思也真是的，好好的衣裳借給林彪幹的什麼事啥，害得每次開會要說什麼披著外衣、披著外套的，能說的周全我是磚頭（傻瓜）！」

批林批孔運動中，我在報紙上看到件轟動全國的事。南京大學政治系的同學，鐘姓，向校方遞交了退學申請報告，又彙報了申請退學的思想轉化經過。他認識到自己沒有按照黨的原則，是通過走後門當的兵、入的學。他還認識到，「走後門這種事情，對黨的危害是非常大的，應該鬥爭。如不去鬥爭，就是講空話。以前我對走後門的問題，總感到是小事，通過去阜寧縣工作，看到開後門問題的嚴重性。黨要搞馬列主義，必須把走後門鬥倒，這是關係到為自己還是為老百姓的問題」「過去老一輩打仗幹革命，現在我們也要革命！」

這兩份材料在《人民日報》刊登以後，批走後門成為一個熱點。我們部隊也有不少人是「內部招兵」的，也被貼上了走後門入伍的標籤，在學習討論中常被走前門的兵們舉例或調侃。再後來，又迅速聯繫到開後門入黨、開後門提幹的話題上。

鐘師兄（同校、高我多屆）的滿腔真誠沒有得到進一步的回應。毛澤東在一封反映部隊批林批孔問題的信件上批示：「現在，形而上學猖獗，片面性，批林批孔，又夾著走後門，有可能沖淡批林批孔」「開後門來的也有好人，從前門來的也有壞人。」中央很快發出通知：對運動中不少單位提出的領導幹部走後門送子女參軍、入學等問題，應進行調查研究，確定政策，妥善解決。換言之，批走後門就此偃旗息鼓，不了了之。

鐘師兄不改初衷，堅持從大學退到部隊，又從部隊退到農村，一路退到農民身分為止。在開後門已成社會常態的今天，我對他當年的率直個性和憂患意識仍抱有敬意。能兼善天下的畢竟是少數人，若大多數人皆能獨善其身，社會風氣肯定會好的不是事。

是年二月五日，中共中央政治局開會討論軍隊系統的批林批孔，會上定了調：「批林批孔不能空對空，要聯繫部隊的實際。」

中國有一種發人深省的社會現象，作為一個單位的主要領導，無論你在位時間有多長，無論你在位時的威信有多高，也無論在位時做的好事有多少，只要你離任了，總會有人蜚短流長，遇有機會，更會有人跳出來反水。這其中可能就不乏當年緊跟前任領導最積極的人，當然也有跟著前任領導做過錯事、壞事的人。

許世友將軍在南京軍區經營了二十來年，是個說一不二的人物。現在去了鞭長莫及的廣州軍區，說三道四的事自然就會出現了。從總部到軍區、從部隊到地方，有人開始寫大字報、送大字報。

按照中央的規定，大字報不能上牆，只能集中在一個地方張貼和觀看。軍區司令部和政治部的小禮堂裡，拉起了一根根鐵絲，上面掛著各種大字報，像晾著一床床被塗鴉的床單。送大字報的、看大字報的，進進出出，熙熙攘攘，熱熱鬧鬧。

我當時被借調到軍區文化部，在軍區會演的演出組幫助工作，晚間常去兩個小禮堂偷看大字報（按規定非機關幹部不得入場觀看）。很多大字報是衝著許世友來的，衝著「倒許亂軍」的口號來的，捎帶著也批了不少「小許世友」。那些出於正義感的，跟著瞎起鬨的，急於洗刷自己的，不表態唯恐落後的機關幹部，都在大字報中找到了自己的精神寄託。換句話說，懷有各種心態的人們，都集合在了「批林批孔、聯繫實際」的旗下。

後來聽說，許世友也沒有閒著，在廣州軍區機關也批起了丁盛和小丁盛們。大會講，小會批，廣州軍區的問題「不簡單」，過去是「捂了蓋子」，現在要「打破砂鍋紋（問）到底」。機關和部隊自然也會有人出來給許世友當槍使，當炮彈轟，「爆炸性」性大字報越揭越玄乎，折騰得也挺熱鬧。

兩大軍區機關互批對方的司令員，或者說大批自己的老司令，把個林彪、孔老二冷落在一邊，更談不上批「當代大儒」了。部隊的「放火燒荒」在廣州和南京軍區「燒」成了這般模樣，恐怕是始作俑者沒有料到的。

批林批孔運動也給官兵們安排了一些文化活動，內部放映了一批前蘇聯、日本拍攝的戰爭影片。據說，是因為林彪要投靠蘇修，而且《五七一工程紀要》中提到了「聯合艦隊」「江田島精神」，看了電影有利於批判。

在日益增長的文化需求得不到滿足的當年，觀看內部電影無異是豪華的視覺盛宴。開始只限於排以上幹部，用卡車拖到南京的曙光電影院去看。時任我部宣傳股副股長的高良生回憶：「《解放》這部電影分三部幾集的，全長七個多少小時。中間休息時，每人發了四個大肉包子，是自己食堂做的，皮薄餡大，真香呀，沒幾口就下去一個。」有電影看，還有肉包子吃，聽上去確實很享受。

後來放開了，官兵可以同樂了。我在我們部隊的大禮堂裡，先後看了《攻克柏林》、《軍閥》、《日本海大海戰》、《山本五十六》、《啊！海軍》這些電影。儘管領導要求帶著批判的眼光去看，但國產故事片就此在審美情趣中崩潰。同期放映的《火紅的年代》、《豔陽天》和《戰洪圖》什麼的，內容姑且不論，就電影樣式而言，與人家的電影差別咋就這麼大呢？

也有興趣點，比如猜猜這些新電影中的演員過去演過什麼角色。我的師兄郭清亮，是個做什麼事都認真到家的主，他能在銀幕上主要演員露臉的第一時間，準確報出此人過去演過什麼角色，甚至連一些龍套演員，也能說出子丑寅卯，讓我佩服的五體投地。

看（放）電影，是部隊的一個傳統。當時看的最多的老電影是「三戰一英雄」（《地道戰》、《地雷戰》、《南征北戰》和《英雄兒女》），電影中的臺詞：「高，實在是高！」「拉兄弟一把！」「不是我們無能，而是共軍太狡猾！」「不見鬼子不掛弦」「向我開炮！」是使用頻繁極高的流行語。

後來放開了點，放映了一些文革前的電影和譯製片。朝鮮《鮮花盛開的村莊》中，有人給小夥子介紹了個胖姑娘，小夥子不幹，父母卻非常滿意，「可以掙六百工分呢！」於是，「六百工分」便成了我們形容胖姑娘的流行語。

前蘇聯影片能放的只有兩部，《列寧在十月》和《列寧在一九一八》。「小姐、太太們都暈過去了」「麵包會有的，牛奶也會有的」「讓列寧同志先走」等臺詞，至今仍不時被我們這代人用在相似情景中。

那一年的夏天，在我們部隊機關辦公樓前的大操場上放了部羅馬尼亞電影《多瑙河之波》。奇怪的是，那個船長與妻子的濕吻鏡頭沒有被刪去，雖然是一閃而過，這可是我們所能看到的中外電影第一吻。宣傳股有位副股長得了便宜還賣乖：「一部電影，讓我一個月的思想教育白忙了！」

這場運動始衝衝，尾匆匆，應該是發展的必然。對我來說，抱著「急用先學」、「活學活用」的態度，增加了點歷史知識，打下了點文言基礎，如此這般，善莫大焉。

三

學習與批判仍在波浪似的前進，批林批孔餘波未了，又掀起了學習無產階級專政理論的浪潮。我們部隊搬出湯山炮校後，在安徽六安新建的營區剛剛動工，各中隊分散暫住在多處兄弟部隊的營房內。曾借用江蘇無錫郊區的某部營房，辦了一期理論學習班。

毛澤東關於理論問題的幾段最新指示，姚文元的《論林彪反黨集團的社會基礎》和張春橋的《論對資產階級的全面專政》兩篇重磅文章，還有《馬克思、恩格斯、列寧論無產階級專政》的一些古老語錄，是我們學習的全部內容。

這次學習有點亂。毛澤東是從商品制度、工資制度（八級工資制）、小生產，延伸到在無產階級專政下限制資產階級生活作風。而我們學習的重點卻是：「現在，主要危險是經驗主義」（張春橋語錄），後又更正為：「提法似應提反對修正主義，包括反對經驗主義和教條主義」（毛澤東語錄）。

題目太大，內容太空，學習乾巴巴的，不得不讓我們這些基層官兵產生距離感，提不起興趣。主持學習班的宣傳股王股長，有次上課時突然掏出一條蛇來（竹製，有點模擬，南京夫子廟有售），對著昏昏欲睡的聽眾遊來竄去：「小生產就像這條蛇，經常地、每日每時地、自發地和大批地產生著資本主義和資產階級的毒液！」我們在驚愕之餘又哄堂大笑，也在記憶中留下了這次學習的唯一亮點。

批《水滸》，緣起毛澤東的一次談話：「《水滸》這部書，好就好在投降。做反面教材，使人民都知道投降派」「《水滸》只反貪官，不反皇帝。屏晁蓋於一百零八人之外。宋江投降，搞修正主義，把晁的聚義廳改為忠義堂，讓人招安了。宋江同高俅的鬥爭，是地主階級內部這一派反對那一派的鬥爭。宋江投降了，就去打方臘。」

有句老話：「少不看《水滸》，老不看《三國》。」大概是說年輕人看了會產生負能量，不循規蹈矩，小兒犯上。其實喜歡看書的小男孩大多看過《水滸》，看不懂原著也會找點小人書看看。書中一百零八將的大名和綽號，信口也能扯上若干。此書一下子被毛澤東欽點為反面教材，內中玄機不是我們這些小當兵的可以揣度的。

在大眾的印象中，毛澤東讀遍了中國的傳統名著，除了酷愛《紅樓夢》外，對《水滸傳》也有所偏愛。一九四四年初，延安平劇院排演了新編歷史劇《逼上梁山》。毛澤東看後給編導們寫了一封信，認為這是在傳統題材裡挖掘出了歷史的真髓。「逼上梁山」也成為毛澤東此後三十多年時用常詞，在演講和著文時信手拈來。

毛澤東還提議，根據他在《矛盾論》裡對《水滸傳》中「三打祝家莊」故事的論述，創作一個劇本；一是要寫好梁山主力軍，二是要寫好梁山地下軍，第三要寫好祝家莊的群眾力量，唯獨沒有提到投降派。

時隔二十來年，同一本書，同一群人，從「歷史的真髓」到「反面教材」，應驗了好書不厭千回讀的魅力。讀書就是要讀有所得、得而能用、用能生巧，每看一次都應有新的感慨。寫到這裡，突然想起魯迅在《而已集•小雜感》中所說：「一見短袖子，立刻想到白臂膊，立刻想到全裸體，立刻想到生殖器，立刻想到性交，立刻想到雜交，立刻想到私生子。」

讀書貴能疑，疑能得教益，此語不差。

坦率說，除了毛澤東誰也沒有看清這本書的本質，宋江投降不投降與老百姓也沒有什麼關係。既然他老人家要評要批，全黨全軍全國各族人民豈有不評不批之理。當時，我們宣傳隊正在位於大別山區的某隊排演小節目（現稱綜藝節目），準備參加軍區司令部直屬部隊的會演。領導指示要緊跟形勢，增加一個這方面的節目。

我兒時聽過揚州評話大師王少堂表演的《水滸》，對書中的一些精彩片斷還有印象。宣傳隊裡有個楊姓小女兵曾在揚州生活過，會說一口奶油夾心揚州話。我就摹仿著王氏風格為她寫了個揚州評話，叫做《李逵反招安》。

節目排出來以後，怎麼聽也是講故事，不是說評話，不搞笑。我很敏銳地捕捉到一次公費回家旅遊的機遇，提議親率楊女兵去揚州求師學藝。

當時，揚州曲藝團已被解散，王少堂大師在文革中被迫害身亡。評話的家鄉，已鮮見評話的演員、評話的演出。我父親時任揚州地區文化處副處長，唱著擁軍的高調，七找八找，為我們找到了被安置在揚州玉器廠的著名評話演員余又春。

余先生曾以表演《清風閘》（民間稱《皮五辣子》）聞名，上世紀六〇年代初期，江蘇省人民廣播電臺錄製了全本，連續播出一個多月，播放時揚州城萬人空巷。我的祖母莫韻笙喜歡聽書，是余先生的「粉絲」。我家有部收音機，她每天中午從南柳巷走到廣陵路，按時按點在我家中收聽。

解放軍指戰員專程來揚州求藝，讓被冷落了多年的余先生興致很高，不僅幫著把這個段子認真梳理了一遍，還增添了一些噱頭。楊女兵善於模仿，得名師指點後表演大有長進，後來參加南京軍區會演還獲了個獎。

我們下部隊慰問演出時，這個節目大受歡迎，每當說到李逵大喝一聲：「招安、招安，招個鳥安！」全場必是笑聲如潮。當年觀眾的笑點低，從小女兵嘴中冒出一個「鳥」字，就能樂得人仰馬翻。現在有些南京小女娃，一句話裡能綴進幾個鳥啊雞的，大家反倒見怪不怪，笑不出來了。

「招安、招安，招個鳥安！」這句話還差點引爆一起命案。

軍區直屬某團的一位同鄉，向我講述了他親歷的一件舊事，再三交代要寫到書裡去。

「一九七五年夏季，廣播裡面開始連篇累牘地播送毛主席評《水滸》的指示，批判所謂的投降派。我作為一個剛參軍不久的大兵，對此毫無興趣。那時軍隊剛從『政治可以衝擊一切』的氣圍中走出，取消了許多形式主義的東西，但寧左勿右的習慣性思維方式並未改變。上面布置的學習任務，還是雷打不動地完成，評《水滸》的學習也是如此。最為不幸的是，我們連成了學習試點單位，團政治處主任親自來到我們連蹲點。

「在學習討論中，有個文化程度不高的戰士提問：『招安招安，招什麼鳥安，這是一隻什麼鳥？』搞得滿堂大笑，學習進行不下去了。主任聽說後很惱火，學習還有死角嘛，指示要開會重點幫教。晚上又開會，這個兵成了『宋江』，被大家七嘴八舌地批評、挖苦加調侃，說他污蔑李逵這個造反派。還有人上綱上線，扯到了思想、階級覺悟的高度。」

「批著批著那個兵火了，突然站立起來，手中高舉著一枚手榴彈。整個會場從譁然到死一般的沉寂，就在主持會議的指導員如箭似的竄出門外時，二排長衝上去將這個兵摁倒在地。」

「有驚無險，這個戰士拿的是教練彈，沒能炮製出轟動全軍的新聞。事後，指導員轉業回家，二排長破格提升，那個兵被開除軍籍、押送回家。」

四

接下來，就是批鄧、反擊右傾翻案風。

一九七五年初，我們又被集中在大禮堂裡，聽部隊頭頭們照本宣科中央文件。這次不是大批判了，換了個主題叫整頓。剛剛復出擔任中央軍委副主席兼總參謀長的鄧小平，憑藉毛澤東提出「軍隊要整頓」的指示，打響了他領導全面整頓的第一炮。他在《軍隊要整頓》的講話中指出：「現在是問題成堆」中指出，「軍隊被搞得相當亂」，強調「軍隊要整頓，要安定團結，要落實政策」「要增強黨性，消除派性，加強紀律性，提高工作效率」。

鄧小平還講了一個小故事，說是在公交車上，有解放戰士坐著，老奶奶與孫女站著。孫女好奇地問：「解放軍叔叔為什麼不肯讓座？」老奶奶嘆道：「雷鋒叔叔不在了！」

這個故事對我有觸動，甚至有一種羞羞的感受。雖然年齡不大，我被喊做「解放軍叔叔」也有四五年了，不能對不起這個令我自豪的稱謂。在後來的很長時間裡，我養成了一個習慣，上了公交車從來不坐，有座位也不坐。

全軍搞整頓，重在上層，像我們這樣的基層技術部隊並沒有多大動靜。標誌性的整頓是這年的八月一日，部隊代號變更，我們部隊的代號由三個數字變成了五個。

沒過多久，鄧小平又一次下去了，我們又一次開會了。上面部置開展反擊右傾翻案風，報紙上把當時未公開發表的《論全黨全國各項工作的總綱》、《關於加快工業發展的若干問題》和《關於科技工作的幾個問題》等三個中央文件定為「三株大毒草」。我們再次開始新一輪的學習、開會、批判，枯燥之極（不帶這麼折騰人的）。

鄧小平傳奇般的復出和迅速被第二次打倒，讓包括我在內的中國老百姓們，又一次經歷了類似林彪事件的被適應。

插敘一出我聽當事人敘述的，某部一位與鄧小平同名同姓小戰士的悲喜劇。

該戰士出生報戶口時，他父親在農村大興水利（挖河），母親沒人商量，尋思著大兒子叫鄧大平，這孩子就叫鄧小平吧。

他入伍後，北京的鄧小平正忙著堅持三項指示為綱，威信高了去。每次連隊點名時領導很為難，直呼其名吧，似乎不尊重中央領導；不呼其名吧，人家生下來就叫這個。指導員想了個變通辦法，點名念姓時輕聲，可以輕的含糊、輕的聽不見，而名則念成強聲，解決了這個尷尬。

後來，該戰士參加比武，某項技能榮獲了軍區第一名，這個消息是要上報紙的。那時，北京的鄧小平又下臺了，戰士鄧小平這三個字見報可能會混淆視聽，但不見報又不行。還是秀才們有智慧，《人民前線》報的某位領導用紅筆在清樣上刪去了一個點。見報時，比武狀元鄧小平變成了鄧卜平。

時為我們部隊總機班話務員的王愛華和熱戀中的男友王宏（時任某師機械連指導員），曾為應該不應該領喊「打倒鄧小平」的口號，進行過一次激辯，比較真實地反映了當時部隊基層官兵的心態。為敘述方便，權稱王愛華為正方，王宏為反方。

正方觀點：參加部隊和地方共同舉辦的一次反擊右傾翻案風的示威遊行，領導給了一張口號單，讓我在隊伍旁領喊口號：「堅決反擊右傾翻案風！」「打倒鄧小平！」「鄧小平從軍隊滾出去！」

反方觀點：你不該出這個風頭，將來會後悔的。連毛主席都說了，對鄧小平保留黨籍，以觀後效。

正方觀點：報紙上各行各業都在批，還能錯到哪裡去，這是大潮流。

反方觀點：報紙上說的你也信，有幾句是人話、真話？你不要隨大流，他們要打倒鄧小平，實際上就是要把你我父輩們這些老幹部統統打倒！

正方觀點：你是政工幹部，就用這種思想帶兵？

反方觀點：別人管不著，我的地盤我做主，我的連隊內部不批鄧！

正方觀點：我是執行領導的指示，軍人以服從命令為天職！

反方觀點：也要看執行什麼命令。領導錯了，你也跟著錯？領導昏了頭，你也跟著昏頭？

正方觀點：你才昏頭呢，你們全家昏頭！

理性的辯論成了任性的吵架，倆人差點說「拜拜」。好在「四人幫」及時粉碎了，鄧小平也重新工作了。這場辯論以正方認輸，反方勝出並升級為老公而告結束。

王愛華後來承認，領喊口號的確是一件遺憾的事。

王指導員說的，「報紙上說的你也信，有幾句是人話、真話？」有點刻薄，但反映了老百姓對輿論一邊倒的質疑和厭惡。

當時有句流行語：「小報抄大報，大報抄梁效」。這個梁效，是北京大學、清華大學大批判組的筆名（兩校的諧音），從批林批孔開始，遇有風吹草動，總會發表幾篇大塊文章，為人們提供理論支撐和發言依據。說實話，相對於《人民日報》、《解放軍報》那些空洞的社論和標語口號式的文章，梁效的文筆更能滿足我閱讀慾。漸漸的，火藥味濃了，春秋筆法多了，才讓我產生了距離感。再後來，我和很多人一樣，掌握了對梁效的閱讀規律，從正面去看，從反面去想，經常能搜索出若干有用的資訊，也算是一件趣事。

報上放個屁，下面跑斷氣。徐爾水（時任我們部隊宣傳股幹事、股長）為我提供的以下文字，也為王指導員的論點提供了論據。

「一九七六年初，政治空氣已相當緊張，雖然還未公開點名批鄧，報刊上已開始影射。婦女節前幾天，軍區司令部直屬政治部來電話，說《人民日報》特約我們部隊的四屆人大女代表寫篇反擊右傾翻案風的文章，版面位置都留好了，要求兩天內用電話直接報《人民日報》的某編輯。當時，股裡只有我在家，想推也沒地方推，只能去找正在農村參加一個什麼工作隊的女代表。」

「我傳達了電話內容，她遲疑了一會說，參加農村工作隊，主要是與農民同吃同住同勞動，一起抓好春耕生產，也是鍛鍊自己的好機會，一定發揚不怕苦不怕累的精神，把任務完成好。至於反擊右傾翻案風，能看到的資料少，還沒有很好學，說不出什麼，今後我會加強這方面的學習等等。」

「我把她說的這些記在本子上，沒有形成文稿，用電話告知了《人民日報》的某編輯。對方一再追問女代表對反擊右傾翻案風的認識，我還是照實說，沒有添油加醋（其實，我對右傾翻案也弄不清楚，談不上有什麼認識）。過了兩天，《人民日報》上發了篇手掌大的文章，幾乎沒有我提供的內容，整篇高調表態反擊右傾翻案。私下有不少議論，有的認為女代表跟風太快，也有的認為宣傳股吹得太過。女代表有言難辯，我也只能在小範圍內作點解釋。」

「『四人幫』倒臺以後，緊接著就是揭批查有牽連的人和事。還是軍區司令部直政部來電話，一查這篇文章是誰寫的，二查那些話是不是女代表說的。幸虧，筆記本還在，談話記錄還在，我把前後經過作了說明，總算為我和女代表討了個公道。」

「用現在的觀念來看，這件事確實荒唐。我在宣傳股幹了十二年多的宣傳教育工作，每次運動我都是具體執行者；又要組織活動，又要收集部隊反映，又要寫簡報（有時要求每天一報），工作的壓力和辛苦，遠比技術幹部大得多。最窩心的是經常當政治上的二道販子，說違心話，做違心事，幹自己否定自己的活。一九七六年，我們兩次組織部隊到六安市區與當地群眾遊行，一次是鄧小平被再次打倒，一次是『四人幫』被揪出。每次都是先在營區開大會，然後浩浩蕩蕩上大街，變換的只是橫幅標語和口號。所以，轉業時我死活不去宣傳部門。」

如江河綿綿不絕的批判復批判，終於讓老百姓們進入了運動疲勞期，有的人變糊塗了，更多的人變明白了，逆反心理也在悄悄滋長和蔓延。我和我身邊的官兵們已經練就出一顆強大的心臟，熟練掌握了應對政治學習的套路：說正確的廢話，走認真的過場。

文革初期形成的，「最高的一聲號令，一股風吹下去，就把整個的事情改變面貌，改變面貌，改變面貌」的情景，在神州大地上一去不復返了。

莊夫子說過，哀莫大於心死，這句話很深刻。

拾　民心這桿秤

一九七六年，又是一個龍年，一個讓我和我們這代人永遠難以忘懷的龍年。

這一年，中國的土地經歷了一次又一次巨大的陣痛。天崩（世界上最大的吉林隕石雨）、地裂（上世紀最慘痛的唐山大地震）、人亡（共和國的三位奠基人相繼逝世），災禍連連，人心浮動。

一

一月八日，周恩來在經歷了長期病痛折磨以後，溘然長逝。

我聽到訃告是在南京市迴龍橋的我們部隊機關臨時宿舍。清晨盥洗時，耳邊突然傳來了哀樂，又聽到誰輕輕地說了聲：「是總理去世了。」我當時愣在那裡，頭皮發麻，第一感覺，不相信，不信會發生這樣的事情。

我父親以及我們全家對周恩來抱有一種特殊的感情。一九五六年，我父親的第一本詩集《繡花巾》被評為江蘇省文學作品二等獎。也是在這一年，參加了全國青年文學工作者代表大會。在北京中南海的懷仁堂，聆聽了周恩來關於文藝工作的報告。更讓他難忘的是，周總理到北京飯店看望出席會議的江蘇代表，在與我父親握手時，還親切地詢問寫了哪些作品。

上世紀六〇年代初，我父親參與創作的揚劇《奪印》曾產生廣泛影響，全國有三十多個劇種、三百多個劇團移植上演，中國人民解放軍八一電影製片廠拍攝成了故事片。《奪印》從舞臺到銀幕，都得到了周恩來的關心，先後看過中國評劇院演出的評劇《奪印》，北京曲劇團演出的曲劇《奪印》和中央歌劇院演出的歌劇《奪印》。觀看演出以後，還和各個劇院的演員們進行了親切的交談，提出了一些意見。如對評劇和歌劇的演出，都提出樂隊的伴奏聲音太響，樂隊坐在臺前的樂池裡，像築起一道音障，影響到演員演唱的效果。

一九六三年五月，全國文聯召開全委擴大會議，周恩來在懷仁堂向出席會議的全體代表作了報告。他在報告中提到了《奪印》，當說到已經看過三個不同劇種的演出時，轉過臉來詢問坐在身旁主持會議的陽翰笙（時任全國文聯黨組書記、秘書長）：「《奪印》的作者你們可曾請來？」陽翰笙答道，「來了！」我父親是作為特邀代表出席會議的，身分是基層的業餘作者，聽到大國總理的詢問既感到突然，又十分激動，肯定有一種受寵若驚的感受。當時，中央電視臺如果在街頭採訪「你幸福嗎？」他的答案肯定是不容置疑的。

文革中，我父親的主要罪狀是參與了揚劇和電影《奪印》的創作，被關進了牛棚。開始上綱上線很高，經歷了批鬥、遊街、剃花頭、寫檢討的種種程序，政治前途凶多吉少。後來，造反派中有人提出，《奪印》是得到周總理肯定和支持的，不能批，這才躲過一劫。

在那個曾經的年代，這些往事對我父親來說無疑是一種殊榮。我也跟著幸福起來，每當在銀幕上看到周恩來的音容笑貌時，總是感到十分親切。自從他代表中國政府在與馬來西亞建交公報上簽署了自己的名字後，再也沒有在公眾場合露過面，讓我隱隱感覺到了不安。

最後一次見到毛澤東的光輝形象，是在經過精心編輯後的新聞紀錄片中。老人家接見巴基斯坦總理勒菲卡爾・阿里・布托時，面容憔悴，表情麻木，連站起來的力氣都沒有了。讓我活生生地感受到「萬歲」這個敬語，是水分最大、重複最多的假話。主席也是人，是人就會死。

我的內心有一個美好而又天真的想像，主席之後，必然是總理領導中國繼續革命。周總理太累了，這段時間他應該在休息，準備挑起重任。沒想到最不該走的人，在最需要他的節骨眼上走了。

周恩來無疑是人氣指數最高的黨和國家領導人。訃告播出後，軍營內外，到處是無法控制的淚水和無以復加的心痛，擷取當年幾個真實的情景。

情景一：

周總理逝世時我在宣傳隊，幾點記不清了，出操之前吧。當時宣傳隊的女兵住在一個大宿舍裡，所有的人都撕心裂肺地痛哭起來。此後幾天，大家的眼睛都盯著電視機，哪裡有電視機開著就奔到哪裡，哭的眼睛都腫了，感覺一輩子的眼淚都流光了。

——時為南京軍區某通信部隊幹部宋婉麗回憶。

情景二：

一大早，我大哥急急忙忙從外面回家，進門就對著我父親（老紅軍、時任南京郵電學院黨委書記，老人家最近在一〇四歲的壽宴上感言，要迎接建黨一百週年）大聲說：「不好了，周恩來死了！」我父親一聽這話，當時就一屁股坐在了椅子上，雙眼噙淚，久久站不起來。因為，我對我大哥直呼總理的名字十分不爽，所以，這個情節記得十分清楚。

——時為南京軍區某測繪部隊幹部秦志強回憶。

情景三：

我當時參加直屬隊組織的宣傳小分隊，住在軍區第三招待所，準備去浙江金華巡迴演出。一早我上街，聽到廣播在放哀樂、播放總理逝世哀訊，我當時就哭了。沿途各條馬路上的行人都停在路上哭，整個南京城真的在一片淚雨之中。我那天是如何回去的都不記不清了。

——時為南京軍區司令部直屬政治部宣傳隊員劉慧蘭回憶。

接下來的事態讓人匪夷所思，通知各層各級各個人要化悲痛為力量，不准設靈堂，不准送花圈，不准戴黑紗、白花，不准舉辦悼念活動等等。這幾個異乎尋常的不准，充分顯露了決策者的蠻橫和低能。

我們這個宣傳隊也面臨著何去何從。集中在南京，原來的任務是到浙江的外業隊巡迴演出。現在出了這麼大的事，大家以為不會去了，沒想到經逐級請示，得到的回復是：「計畫不變。」（上面解釋，治喪期間要求文藝節目減少，不是沒有）。

對此，思想上雖有抵觸，行動上只能服從，無力也不可能改變什麼。大家不約而同地戴著黑紗，前往浙江完成演出任務。這種集體行為是蘊藏著政治風險的，好在不在軍營，兵在外，將命有所不授也。

一路上，我們聽到了很多也傳播了很多關於周恩來的「段子」（現在叫政治笑話）。

西方某國總統來訪，在與周總理交談中，自以為聰明地連續拋出了三道難題：「請問，你們國家有多少錢？」總理隨即回答：「十八元八角八分。」（當時人民幣面額分為十元、五元、二元、一元，五角、二角、一角，五分、二分、一分，共一〇種，合計十八元八角八分；既回答了提問，又保守了國家金融機密）。又問：「你們國家有多少廁所？」又答：「兩個，一男一女。」（多麼睿智）。再問：「你們中國現在還有妓女嗎？」再答：「當然有，在臺灣和香港、澳門！」（如說沒有就上當了，忘了這三個島也是中國的）。

還有反修（反對修正主義）內容的。周總理與赫魯雪夫相遇，赫魯雪夫說：「我們有一樣是不同的，我出身無產階級，你出身資產階級。」周總理答，「我們有一樣是相同的，我們都背叛了自己的階級。」赫魯雪夫提出要幾車廂豬肉解解饞，周總理表示同情，交代有關部門：「送他們幾車廂豬尾巴。」（尾巴也是肉，每頭豬只有一條尾巴，向蘇修顯擺一下中國的豬肉多了去）。

這些類似於「腦筋急拐彎」初級版本的問答，流傳得有鼻子有眼。老百姓以這種特有的方式，表達對周恩來尊敬、緬懷的心情，也是對官方低調治喪態度的一種反動。

小道消息和所謂的政治謠言也開始在親朋好友的圈圈裡傳播，什麼「毛主席對七同志的談話」呀、「梅花黨」呀、「紅都女皇」呀，都是那段時間以手抄本和口頭文學的樣式在圈圈中流傳的。圈圈都是交叉的，從一個圈圈發展到若干個圈圈。從社會學的角度上講，這些傳播和流傳提供的不僅是交流資訊的機會，也是交流各自表現好惡的機會，加強了人與人之間的親密感。

我們中隊有一對內部婚戀的夫妻，從相知到相愛就是從傳播小道消息開始的。當時部隊駐在江蘇清江市（現江蘇淮安市），遠離大城市和軍區機關，既不瞭解上層動向，也得不到內部消息，只有關係密切的戰友之間，交流一些似是而非的資訊。小女兵的父母在蘇北某部工作，每次回家她總能帶回一些材料，可信度較高。小男兵每每享受先睹為快的待遇，樂此不疲。後來地方上追查政治謠言追到了部隊，他倆受到牽連，在訊問時像地下黨似的，寧可犧牲自己，也要掩護對方。這種非常時期結下的友情迅速成長為愛情，走進婚姻殿堂成了順乎自然的事。

也就是從這時起，習慣了「理解的要執行，暫時不理解的也要執行，在執行中加深理解」（林彪語錄）的中國軍人，開始變得不安分起來，開始用自己的腦袋思考政治。我和我身邊的人大多關心起了報紙，從字裡行間揣想中國政局的走向、高層人事的變動。誰「上來了」、誰「下來了」、誰又「出來了」，是業餘空間最熱門的話題。

二

周恩來走了，留下的不僅是悲痛，也留下了很多疑問。

比如，周恩來有沒有留下遺囑。報紙上說周恩來要求把他的骨灰撒掉，但是他臨終之前只有這麼一個政治交代嗎，似乎不可能。有理由懷疑、猜測，周恩來的遺囑是被封鎖掉了。

我的大伯父王立群是國務院某部派駐上海辦事機構的幹部，其間被下放到南京分析儀器廠當工人。我從浙江回寧後，帶了些臺州出產的正宗蜜桔去探望他。敘家常時，大伯悄悄給我看了一份手抄的《總理遺言》。看完後說不清是激動還是悲痛，絲毫沒有懷疑它的真實性，只想著帶回部隊給更多的人看。一生為人處事比諸葛亮還要謹慎的大伯堅決不允，經我再三懇求，同意讓我抄寫了一份。臨行前，大伯再三囑咐：「今後如果追查，就說在公共廁所裡撿到的，重抄了一份，原稿扔了。」

當時，廁所成了被追查謠言的避難所，遇有此類麻煩時，多數人的標準答案是：「在公共廁所裡聽到牆那邊的人談論的。」這個說法立馬就斷了追查的證據鏈，與死無對證的意思差不多。

後來，搬了若干次家，每次都不得不扔掉了一些書刊雜物，而印有遺像的《周恩來同志生平》，去浙江時佩帶的黑紗和這份《總理遺言》，至今仍珍藏在我的書箱裡。時隔三十多年，對照著當年的筆跡，用手寫版重新抄錄一遍，全文如下：

主席、中央：

我自第二次手術以來，病情曾有短期穩定。從下半年開始，癌症已經廣泛擴散，雖然自覺尚好，但離見馬克思的日子確實不太遠了。我想有必要向主席及中央彙報一下近來的一些想法。

患病期間，主席對我親切關懷使我十分感動。主席年紀大了，要注意身體。有主席為我們黨和國家掌舵，是全國人民莫大的幸福，也是我莫大的欣慰。這些日子，主席在遵義會議時和我的談話歷歷在目，百感交集。不能為主席分擔一些工作，我十分難過。為了我們祖國和人民的前途，主席一定要保重。

洪文同志幾年來，無論在理論上，還是在解決問題上，提高都很快，對此我極為高興，我們黨後繼有人。洪文同志今後要多抓全面性的問題，處理還要果斷，為黨多做工作。

朱德和葉劍英同志年事已高，要鍛鍊身體，當好主席的參謀，具體分工可以擺脫些，但你們所處的地位仍然是舉足輕重的。我們老一輩人，跟主席那麼多年了，要以高昂的戰鬥精神，保持革命晚節。

小平同志一年來幾方面工作都很好，特別是貫徹主席的三項指示，抓得比較堅決，這充分證明了主席判斷的正確。要保持那麼一股勁，要多請示主席，多關心同志，多承擔責任。今後小平同志的壓力更大，但只要路線正確，什麼困難都會克服。

春橋同志能力強，國務院的工作，小平、春橋要多商量。

同志們，長期以來的病假，使我有可能回顧自己所走過的路程。在這曲折的道路上，我永遠不能忘懷那些在我們前面倒下的先烈，我們是倖存者。一九二六年我和惲代英同志分別時，他說：「當中國人民都過上幸福生活的時候，我們能活著的人，一定要到死去同志的墓前，去告慰他們，死者會聽到我們的聲音的。」多少年來，我總想著，用什麼來向他們彙報呢？在此彌留之際，回憶先烈的遺言，對照我國人民的生活條件，我為自己未能多做一些工作而感到內疚。

展望本世紀把我國建設成一個工業、農業、國防和科學技術現代化的社會主義強國的壯麗前景，我充滿了必勝的信心。死對於共產黨員來說算不了什麼，因為我們把生命交給了人民的事業，而人民的事業是永存的。唯一遺憾的是我再也不能和同志們一起前進，加倍工作，為人民服務了。同志們一定要把黨和人民的利益放在一切之上，在毛主席的領導下，團結起來，爭取更大的勝利。

關於我的後事，我向中央請求：

將我的病情發展告訴全國人民，以免引起不必要的猜測。

追悼會主席不要參加，會應力求簡單，請洪文同志主持，小平同志致悼詞。

骨灰不要保存，撒掉。
永別了，同志們！

周恩來
一九七五年十二月二十九日

還有一份總理遺言，是給他的夫人鄧穎超的。

包括我在內的閱讀者和傳播者，誰也沒有想到，這份極像心目中周恩來說話口吻和文字風格的「遺囑」，是杭州汽輪機工廠一位二十三歲的青年工人李君旭仿寫的。李青工當然也沒想到，在沒有網路、沒有手機、沒有傳真，連打長途電話都不容易的年代，他的作品居然在兩個月內傳遍了全國，甚至影響到世界。為此，也連累了五個家庭，自己差點送命。

四月初，中共中央發出了緊急電話通知，宣布《總理遺言》是偽造的，是蓄謀的反革命謠言，要澈底追查。

我抄寫的那份帶回部隊後，給不少人看過，其中不乏含淚默讀和抄寫的熱血男女。僥倖的很，部隊內部清查時，居然一個沒冒泡。而時為印圖隊幹部的秦志強就缺少這種幸運，他的回憶有點冷幽默：

我們宣傳隊完成任務返回大別山後，我從南京帶回了一份手抄的《總理遺言》。當時仍屬地下活動，我嚴格把握著流傳範圍。天安門事件後，部隊開始追查。一天，熊教導員（一位正統的可愛的四川老鄉）把我找到隊部，十分嚴肅地要我交代一月份在南京期間的活動。

起初我沒當回事，因為那次是隨宣傳隊集體行動，有人證可查。

就這樣審查了幾次後，有一天，熊教導員突然從筆記本中抽出了一張類似楊子榮同志獻給座山雕的聯絡圖那樣的紙頭（隔著較遠，只看見上面寫了不少人名，還用不同顏色的箭頭標注關聯情況），厲聲要我交代《總理遺言》是怎麼回事，從哪裡來的，向哪裡傳播過？這下子我才知道，對我審查的關鍵問題出在這兒。

因為事發突然，那會兒又年輕，應對這類的政治審查沒什麼經驗，我本能地回答是從下鄉插隊的同學那兒得到的（一不留神，說了實話）。出現突破口了，他很亢奮，立即追問叫什麼名字，在哪裡插隊，必須交代清楚！還提筆在聯絡圖上畫了個箭頭，等待下文。我稍許緩過勁來，隨口扯了個謊，他在高淳插隊（真有同學在那裡插隊），名字叫高愛國。此後，再問什麼，就是一問三不知了。

這件事情，整整審查了一個多星期。後來不知什麼原因，追查不了了之了。我想，應該是部隊和地方對待此類事件的熱情程度不太一樣，熊教導員的審查成果沒有得到上級領導的重視而已（或許因此案已告破）。

在資訊獲取不對稱的當年，由於公眾直覺可能發生重大事變卻無法瞭解真相，勢必會產生懷疑、誤解、猜忌，以訛傳訛，謠言四起，並延伸到對於政府的不信任。

形形色色的小道消息中，必有編造、虛假，也不乏真實可信的資訊，大多比大道消息更接近真相，更容易接受（小道快於大道，謠言準於《人民日報》），成了非官方的傳播主管道，在一定意義上也代表了民心和民意。

三

在歷史上還沒有冠以準確年代的周朝，有一位被稱為召公的老人家曾強調指出：「防民之口，甚於防川。」翻成現在的大白話，就是防止老百姓說話的危害，比堵塞河川引起的水患還要嚴重。這句話，又一次被幾千年後「南京事件」「天安門事件」證明，是真理。

水，是從我偏愛的南京這座城市，率先流動起來的。

一個準確並讓人興奮的消息傳來。三月二十八日，早上班人流高峰時，以南京大學數學系為主的四百多名師生率先上街，簇擁著周恩來的巨幅遺像和用玉蘭花製作的大花圈，花圈正中襯托著七個金閃閃的大字：「光輝永照後來人」。

隊伍緩緩地從鼓樓到新街口、大行宮繞了一大圈。所經過的街道，正在行進的人們全都停下腳步，肅立著向周總理的遺像表示敬意，許多人自動加入了悼念隊伍。來到大行宮十字路口時，一位戴眼鏡的老警員打開了四個方向的紅燈（那時還是手動、自動相結合），制止一切車輛，指揮遊行隊伍通行。到達梅園新村，工作人員早早打開了大門，迎候學生們的到來。

南京大學在文革期間，始終是南京乃至江蘇的政治風向標，這次遊行絕對具有社會的導向性。當天，南京十幾所大專院校的數萬名師生，抬著遺像、花圈和挽幛，紛紛湧向梅園新村和雨花臺。

接下來的那幾天，南京城沐浴在民主政治的春風裡。大字報、大標語像迎春花在車站、碼頭及主要街道競相怒放，簇擁著一撥又一撥賞花的人群。遊行隊伍像剛剛解凍的河流，流到哪裡，車輛為之停靠讓路，路人為之鼓掌致意。

我當時出差住在軍區第三招待所（現華山飯店），看到遊行的隊伍從軍區機關的西大門經過時，值勤的哨兵莊重地向他們敬禮，引來一片掌聲。

若干年後的一次閒聊，當時在南京軍區警衛營工作的秦基春（後為軍區司令部辦公室秘書，轉業後任江蘇省臺辦副主任、省文化廳副廳長等職）提及此事仍有印象：「後來追查時，地方上把這事捅到部隊，要揪人。我們的營領導根本不買帳，以隊列條例中哨兵對進出營區人員必須敬禮、還禮的規定，擋了回去！」

在列車車廂上刷標語，是「南京事件」中一道靚麗的風景線。我們部隊流動性很大，有不少人先後在南京火車站領略了南大師生們智慧。他們開始使用墨汁、石灰水，後來又更新採用車站員工提供的白油漆和柏油（因有人舉報，火車出南京到編組站，墨汁、石灰水寫的大標語就被組織沖洗），在南來北往的列車車廂上，刷了近兩百條「誰反對周總理就打倒誰！」「鄧小平和人民心連心！」「警惕赫魯雪夫式的人物篡奪黨和國家的領導權！」等大標語。每刷一條標語，列車內外的旅客和工作人員中就響起一次掌聲、叫好聲。火車開到哪裡，標語就閃耀在哪裡，沿線點火，八方轟動，成了當時中國效益最大化的移動廣告。

不僅如此，我在位於新街口的南京軍區某部的圍牆上，看到了「打倒野心家、大陰謀家張春橋！」的大幅標語。在山西路的南京軍區俱樂部（當時叫宣傳站）、中山北路的軍區第二招待所（現華江飯店）附近，看到了「野心家張春橋翻案不得人心！」「向張春橋的修正主義文化部，宣傳部開炮！」「張春橋從黨中央滾出去」等傳單。

江蘇省軍區某部泰興籍戰士（給養員）徐同新，做了件軍人群體中很多人想幹但不敢幹的事。他把手寫的六份題為《誰反對周總理就不得人心》的傳單，貼到了新街口、鼓樓一帶。傳單上明確提出：「他們謀害周總理，反對毛主席，妄圖搞垮軍隊。」「把赫魯雪夫式的野心家、陰謀家、兩面派張春橋揪出來示眾！」傳單吸引了一批又一批圍觀的群眾，還被覆製成大字報在南京市內張貼。徐同新因此被捕入獄，平反後被江蘇省軍區授予一等功。

四月一日，中共中央政治局在京委員經開會討論後，於當天深夜給江蘇省委和南京軍區下達了關於「南京事件」的電話通知：「最近幾天，南京出現了矛頭指向中央領導同志的大字報、大標語，這是分裂以毛主席為首的黨中央，轉移批鄧大方向的政治事件。你們必須立即採取有效措施，全部覆蓋這類大字報、大標語」「要警惕別有用心的人借機擴大事態，進行搗亂、破壞」「對這次政治事件的幕後策劃人，要澈底追查。」

電話通知迅速傳達到了各層各級，連居委會的老頭老太們也被要求集中聽傳達。這種話，十年來聽的耳朵都結了繭，你們能不能說點別的？周總理不在了，八十三歲的毛主席也病得不輕，鄧小平自從總理追悼會之後就再也沒有露面，你那個電話通知的權威性和號召力也就大大縮水了。對普通老百姓來說，赤腳的不怕穿鞋的，既無烏紗帽可保，又不指望加工資，憑什麼聽你們頤指氣使，吆三喝四。

在這之後的三天內，南京又有六十萬人參加了悼念和遊行的活動，集中而又鮮明地表現了人心的向背，給那個電話通知一個極具諷刺意味的背書。

四

唐山大地震以後，全國各地都談震色變。

我接到家書，說是揚州地區也要發生地震。急忙請了探親假趕回了家中，發現人們對地震的恐慌，比我的想像還要嚴重。

有人天天看井水（揚州城內水井很多），說是水位突然上升或下降就要地震；不少人家桌邊擺個空酒瓶，酒瓶一倒，撒腿就跑；經濟條件好一些的人家已在悄悄改善伙食，孩子們想吃啥就買啥，大有日子不過了的悲壯；只要有人說地震來了，所有的人都跟著跑，因誤傳發生地震而擁擠踩傷、跳樓骨折甚至死亡的事，時有耳聞。

地震還沒來，好像已經是世紀末日了，人人都是驚弓之鳥，都在忐忑不安地等待著。但是，報紙上、廣播中，還在高調批鄧、反擊右傾翻案風。前些時，在網上看到一份唐山大地震時黨中央的慰問電，很有感想，人話不多，官話連篇，照錄如下：

> 河北省、天津、北京市黨委、革命委員會，北京軍區、河北省軍區、北京衛戍區、天津市警備區並轉唐山及其附近遭受地震災害地區的各級黨委、革命委員會、各族人民和人民解放軍指戰員：
>
> 一九七六年七月二十八日，唐山、豐南一帶發生強烈地震，並波及到天津市、北京市，使人民的財產遭受很大損失，尤其是唐山市遭到的損失極其嚴重。偉大領袖毛主席、黨中央極為關懷，向受到地震災害的各族人民和人民解放軍指戰員致以親切的慰問。
>
> 中央相信，用馬克思主義、列寧主義、毛澤東思想武裝起來的、經過無產階級文化大革命和批林批孔運動鍛鍊的各族人民和人民解放軍指戰員，一定會在省、市黨委、革命委員會和部隊黨委的領導下，在全國人民的支援下，發揚艱苦奮鬥的革命精神、以堅忍不拔的毅

力，投入抗震救災鬥爭，奮發圖強，自力更生，發展生產，重建家園。

中央號召災區的共產黨員、共青團員、革命幹部、工人、農民、貧下中農和人民解放軍指戰員，認真學習毛主席的一系列重要指示，以階級鬥爭為綱，深入開展批判鄧小平反革命的修正主義路線，反擊右傾翻案風的偉大鬥爭，團結起來，向嚴重的自然災害進行鬥爭。下定決心，不怕犧牲，排除萬難，去爭取勝利！

中共中央

一九七六年七月二十八日

在巨大的天災面前，「經過無產階級文化大革命和批林批孔運動鍛鍊的」揚州人民顯然辜負了黨中央的要求，「批鄧」也好，「反擊」也罷，放一放，不陪你們玩了，保命要緊。

當年的揚州民居，大多為磚瓦結構的平房，建築時間可以追溯到清末民初。上世紀五〇年代還沒有計畫生育這一說，家家都是子孫滿堂。子女大了房子住不下了，只能沿山牆蓋個坯屋，或在院子裡搭間小廚房。那時沒有違建這一說，處處都是大雜院。為節省建材，這類簡易房屋的承重牆大多是「紅磚斗子牆」，再架上幾根水泥梁，防震等級幾乎是零。

揚州的革委會是現役軍人當家，全民動員包括疏散居民是強項。他們逐級下達死任務，任何人不准在城區居住，必須到郊區搭建防震棚，建材由各單位免費提供。

我父親當時參加地委組織的學大寨工作隊（有點像現在的扶貧工作隊），去了興化農村；弟弟在揚州發電廠的運行車間工作，常年累月上夜班；大妹插隊，人在廣闊天地。家中只有祖父、母親和小妹三代人，均不具備搭建防震棚的資質。

隨著我的回歸，困難再也不是困難。我立即發動同學和戰友，從父母的單位各領取了一套建材（油毛氈、塑膠布、毛竹、鐵絲等等），在位於梅嶺的揚州博物館青竹林裡，搭起一個金字塔形的豪華版防震棚。

地震棚一家挨著一家，在此避禍的大多是揚州文化系統的知識分子。群龍無首，我的一襲軍裝給了他們極大的安全感，很樂意地接受我的幫助，比如指導和改進防震棚建設等等；也很自覺地服從我的指揮，比如燒飯的煤爐必須放在棚外，以防發生火災等等。

我還萌發了個奇思妙想，光防地震還不夠，還要防地裂，聽說唐山大地震時地面開裂，一頭牛掉進去消失的無影無蹤。我從博物館的庫房找到幾捆麻繩，讓大家地震前一個串一個地紮在腰間，萬一地裂了，大家拴在一起，或許還能拽上來幾個。現在想想有點蠢，大地真的裂開了縫，掉進去一個，也會把大家全都拖下去。

地震的那天終於來到了，大約在八月二十日（時間大差不差），上級來了通知，揚州以東至海安一線，即將發生地震。

人們連防震棚都不敢住了，以家庭為單位圍坐在竹林裡。深夜，我把家人安置好以後，在竹林裡來回巡視，走到哪裡迎來的都是充滿信賴的目光。說實話，心裡有點發毛，這個鬼地震兇惡到什麼程度誰也不知道，但軍人的榮譽感驅使我不得不這麼做。

一個小時過去了，兩個小時過去了，一直到天亮都沒震，第二天也沒震，直到今天也沒震。

五

從揚州回到部隊不久，毛澤東主席在北京逝世。

據一份未經權威論證的文稿，在即將離開親手締造的黨和國家、離開熱愛和養育他的人民的時候，這位耄耋老人作了自我總結：

人生七十古來稀，我八十多歲了。人老總想後事，中國有句古語，叫蓋棺定論。我雖未蓋棺，也快了，總可以定論了吧！我一生幹了兩件事，一是與蔣介石鬥了那麼幾十年，把他趕到那麼幾個海島上去了。抗戰八年，把日本請回老家去了。打進北京，總算進了紫禁城，對這些事持異議的人不多。只有那麼幾個人，在我耳邊唧唧喳喳，無非是讓我及早收回那幾個海島罷了。另一件事你們都知道，就是發動文化大革命。這件事擁護的人不多，反對的人不少。這兩件事都沒有完，這筆遺產得交給下一代。怎麼交？和平交不成就動盪中交，搞不好，就得血雨腥風了。

九月十日下午四點，我在安徽六安大崗頭營區收聽《告全國人民書》。突然，從隔壁房間傳來政治處書記（此書記不是彼書記，相當於政治處的內勤秘書），蘇姓，爆發出的撕心裂肺似的哭聲。我走過去，只見他滿面淚水，不停地用雙拳拍打著桌子。男子漢哭成這樣，我平生第一次見到。

書上說，哭而有聲謂之哭，哭而無聲謂之泣，哭而無淚則謂號。如果要形容他的哭，真是一種發自內心的號啕大哭。理智告訴我也應該陪他哭一下，但就是哭不起來，淚腺也沒有濕潤感。我知道自己算老幾，還輪不上先天下之憂而憂，但迷茫和惶恐的情緒卻揮之不去。

前不久，我請戰友們回憶當年情景，居然有不少人感同身受，只是不敢說出來而已。

有位戰友如是說：主席去世的那天，我在參加南京司令部直屬部隊的排球比賽。大約在下午三點多鐘，負責比賽的直政宣傳科（處）梁幹事把我悄悄拉到球場一角，用顫抖的聲音說，「出大事了！」他又用手指指天，「那個，沒了。」我楞了一下，立即反應過來，腦子一片空白。下午四點半，球隊男女隊員在男兵宿舍集體收聽廣播。當那個消息真真切切通過廣播送到現場後，先是死一般的沉寂，過了一小會兒，有人發出了抽泣聲。哭泣的人不多，至少沒一半，這是我至今想來也覺得奇怪的事。當時我也沒哭，又覺得這個場面不哭是很不應該的，儘量想一些傷心難過的事培養感情，還是沒能哭起來。坦率地講，我對主席有一種由衷的敬意，聽不得別人在我面前對他說三道四。至今，我仍習慣提「主席」是特指毛主席，講「總理」那就是周總理，從不用這兩個稱謂去稱呼別人。但不知為什麼，那天就沒哭出來。

還有位戰友如是說：主席逝世的那年，我在武漢的軍事測繪學院學習。記憶中是為了舉辦全院運動會，學員們集中在大操場練習。廣播中播出了訃告，大家都停了下來，首先是一些女生開始哭，多數人也跟著掉了淚。當時，我的憂患大於悲痛。中國人已習慣了讀毛主席的書、聽毛主席的話、照毛主席的指示辦事。現在，主席不在了，又有誰能像他老人家那樣，領導全黨全軍全國人民呢？我悄悄請教了一位教政治的老師，那位老師沉思良久，很深沉地說出了他的預測：「我以為，毛主席是偉人，今後的領導誰也無法與之相比，應該被追認黨和國家的名譽主席，是我們永遠的領袖。至於誰接班，毛主席如果有遺囑，指定誰就是誰了，誰也不敢反對；如果沒有政治交代，中國的事就難說了。」儘管後來的歷史進程並非像那位老師所預測，但當時我還是覺得很有道理。或者說，代表了學院很多師生的想法。

若干年後，我在澳門威尼斯人酒店巧遇一位定居美國多年的兒時夥伴。他對毛澤東的崇拜依然像移民前那樣虔誠，自稱在國外除了賺美國佬的銀子，業餘時間只幹兩件事，下圍棋和研究毛澤東。

就像下圍棋要精於計算那樣，他研究毛澤東的學術成果，也是用數字和計算呈現的。

比如，毛澤東年輕時有個筆名叫「二十八畫生」，是寓意姓名（毛澤東）三個字的繁體筆劃為二十八畫。這個二十八很厲害，不僅與共產黨的「共」字暗合，而且把偉人的一生分為了三個歷史階段。一八九三年誕生，一九二一年入黨，二十八年；一九二一年革命，一九四九年建國，二十八年；一九四九年執政，一九七六年逝世，虛二十八年（二十七年半）。

再比如，毛澤東生於清光緒十九年（一八九三年十二月二十六日，蛇年）農曆十一月十九，逝於一九七六年九月九日（龍年），起點和終點都落在九上。九是陽數之極，是貴數、大數和極數，代表著無窮無盡與終極。而生卒年月中含有五個九，體現著至高無上的「九五之尊」。

還有，中央警衛團的番號為「八三四一」部隊，毛主席活了八十三歲，執政四十一年……

聽著他的滔滔不絕，我實在不忍掃興，那些學術研究成果在國內早有各種說法在坊間流傳。曾幾何時，毛澤東被走下了神壇，讓我們可以用平行的視野，重新檢索他的一生追求，重新體會他的憂患意識，重新研討他的執政得失，反倒讓我有了「高山仰止，景行行止；雖不能至，然心嚮往之」的感受。

如今，毛澤東又被粉絲們請回到了神壇，讓我想起據說是他生前說過的這句話，「我猜他們的本意，為了打鬼，借助鍾馗」。他似乎又成了滿足部分人精神需求（包括政治訴求）的一種象徵、一尊偶像，並不是真實的完整的毛澤東。

一九七六年十月六日晚，在中南海懷仁堂內外發生的那些事，非正式地給十年文革劃上了一個大大的句號。

毛澤東生前最為牽掛的交班，既不像他預測的「和平交」或「動盪中交」，更沒有什麼「血雨腥風」。該來的遲早會來，該走的註定要走。半個小時，以快打慢，順風順水，完成了一次「天翻地覆慨而慷」的歷史進程。什麼叫歷史，勝者為王敗者為寇就是歷史；什麼叫政治，笑到最後才是最大的政治。重要的是，「被迫採取這種特殊手段」「正常情況下不可採取的辦法」，得到了絕大多數中國人發自內心的認可和贊同。

那幾天，我從南京舟山群島的外業隊，途經上海。接待團以下軍官的滄州飯店人滿為患，想住宿的人擠滿了登記處。值班的見我是軍區直屬單位的，給了一線希望：「你過了十二點再來看看。」無奈，只好寄存了行李（一隻背包而已），上街閒逛。

夜色下的上海，不見了熙來攘往的人流，只有秋風簌簌，落葉飄逸。在南京路上，我看到了一條墨蹟未乾的大標語：「熱烈歡迎蘇振華、倪志福、彭沖同志接管上海市革命委員會！」

記得十年前的那個盛夏，我隨外婆來上海，住在楊樹浦周家牌路的姨外婆家。姨外婆少小離家，從蘇北來到上海打工，她進的那個廠就是後來王洪文造反起家的國棉十七廠，她的後代也大多在這個廠上班。

那次在上海留下兩件記憶，一是乘八路有軌電車去外灘，可以很方便地進入大上海的鬧市觀光。二是王洪文率眾攻打「上柴聯司」，載著參加武鬥人員的車輛在門前大街上呼嘯而過，親友們對被打垮的「上柴聯司」表示了較多的同情（開始，我以為「上柴」是指上海火柴廠，後經大人們糾正，才知道是上海柴油機廠）。

十年光陰，十年成長，十年一夢，文革從起點到終點，我都是在上海。天意兮，巧合兮，搞不清楚。朦朦朧朧地感受到，就像我這個當年在外灘路邊撿過冰棒棍（可作遊戲用具）的小男孩，如今已是共和國的小軍官那樣，人們在文革中似乎也經歷了這樣的週期。從孩童時的摹仿、盲從，到青春期的衝動、逆反，到成熟後的反思、反抗，無一不伴隨著成長的煩惱。當我們將大腦中的波段調整到獨立思考的頻道上時，終於明白了一個淺顯而又深邃的道理，民心是一桿秤，民心中有我，我也是民心。

正如孟老夫子所云：「得天下有道，得其民，斯得天下矣。得其民有道，得其心，斯得民矣。得其心有道，所欲與之聚之，所惡勿施爾也。」

不注釋了，其實就一句話：得民心者得天下，順民意者治天下。

代後記・讀後感

一

讀全文兩遍，某些章節數遍。不少篇幅，感同身受。

宣兄的十年（一九六六～一九七六），經學生軍人，入團黨提幹，演大戲小角，讀千書百經，涉海疆陸境，閱凡人大家，曆民生國是，寫書文詩賦，敘心路隱私，究人世正道，宏樸素歸真。可謂波瀾壯闊，閱歷非凡。

十數萬言，篇幅宏廈，覆蓋十年，時間有限，就事思索，空間無垠，人物眾多，口述筆錄，話鋒犀利，官方尚商，內容浩瀚，涉域寬廣，歷史究竟，究竟歷史。

讀此書後，伴著花甲時光，回眸前五十年之初的十年，多少次想畫句號，卻又多少次畫成逗號，畫成分號。更措手不及的是，問號卻越來越多。當年當時，世界觀的形成本是固若金湯，後來發現自己都不相信自己。特別是經歷了九一三事件，給善良純潔盲從人們的心靈一擊，震驚和迷茫，思索和探尋，歷史和現實，放眼和自悟，使人的心智逐漸成熟起來。從那以後，開始相信，什麼不可能的事都有可能發生，並一再被歷史驗證。

讀此書後，似曾清晰，似曾糊塗。書中的那些，當年不懂是因為太年輕；書中的那是，因為愚鈍和固執，雖然已經不年輕，現在也只是十分知之一二。

此書如果沒有思考，沒有揣摩，沒有換位，沒有回饋，沒有文采，沒有積澱，沒有博覽，沒有胸襟，同齡同經歷的人是寫不出來的。

我願意看此書，就像在看昨天自己的……

——寧勇（我的同一個分隊的戰友）

二

知道王宣大約在上世紀九〇年代，是看到《南方週末報》連載的《毛澤東之劍》，文筆之清新，視角之獨特，在所有歌功頌德老一輩革命家傳記中，無人比肩。後來又知道，他就是老妹經常提起的小學同學、戰友。

昨天，看完他的新作前五章，有感而發，記錄如下：

「少年王宣之荒唐」，是屬於我們共用的空間。黑字兵、走資派胡宏、造反小將郭某某、平山堂、東風閣、武鬥高手「大獅子」、大運河泳場、皮市街……構成文革揚州基本元素，催化了多少悲喜劇。

還有，沒想到揚師附小胡風榮也是王宣的啟蒙。胡老師，也是我的畢業班主任。記得離升中考試還有一個多月，要參加運動訓練。怕我回家晚，影響功課，胡老師每天都到瘦西湖體育場接送我。升學考試那天，老師安排我在學校吃飯休息，百般安慰以為數學考砸沮喪的我，堅定告訴我，你語文一定會是高分，又用單車送去考場。後來，語文考了一百分。

胡老師，你現在還好嗎？還記得你的學生嗎？

為此，很感謝王宣，把只屬於我們心底的東西，挖掘、梳理、提升，進而反思懺悔。有王宣這樣發小、戰友，老妹他們是幸福的、快樂的。本來嘛，在人脈資源中，發小加戰友是最可貴的。

明人張岱有言：人無癖者不可與交。所謂癖好，就是個性特別的張揚，或書淫詩癡，或以酒當歌，或有寡人之疾，或……只要無殺父奪妻（夫）之恨，理當共度晚年，共用時空。

又及：現在的寫手大多是寫匠，王宣高在有思想，有獨特的視覺，是立體的。

——蕭寧（我的小學同學、戰友蕭楊的姐姐）

三

認真完整地看完了你的大作，感覺很好並產生強烈共鳴。因為我們的經歷基本相同，於是跟著你的敘述重走了一遍那青蔥不羈、熱情似火的年月。

你的記述打開了我塵封的記憶，很多經歷和記憶是揮之不去的。回望那些當年走過路過見過經過的事情，不僅親切而且比當初親身經歷時的體會更深刻。有意思的是，其實一路走來也有挫敗和煩惱，可現如今留在記憶裡的竟然全都是快樂美好生動有趣的事情了，原來人的記憶是可以過濾的，最終伴隨我們一生的都是那些有趣和美好的往事，現在我對自己的下半輩子更有信心了。

整篇書目有回望有分析有反思，有年輪有層次有深度，純真年代的真實寫照，說荒唐也不儘然，誰人的作為會沒有時代的印跡呢？我能想到的那些事你都已經寫了，我沒想到的你也已經寫了，想了又想，沒啥有價值的建議和補充了，你按你的構思進行、我按你的寫作閱讀吧。可以肯定，同時代的人很容易被你的書打動並產生共鳴，其他人也會從中看到特定年代、特定人群的特殊經歷，作為認知世界的補充。

地球是個圓的，誰能想到幾十年以後我會和蘭英英在另外一個城市成為鄰居（包括他弟弟蘭遠），她的女兒、女婿在我原先服務的單位工作。我前幾日就是和蘭英英去的濟州島，我老拿她不認識你的事說事，她總要一遍又一遍的解釋，挺好玩的。

——徐曉慧（我的發小、小學同學）

血歷史92　PC0685

新銳文創
INDEPENDENT & UNIQUE

有一種記憶：

我在紅色十年

作　　者　王　宣
責任編輯　洪仕翰
圖文排版　周妤靜
封面設計　蔡瑋筠

出版策劃　新鋭文創
發 行 人　宋政坤
法律顧問　毛國樑　律師
製作發行　秀威資訊科技股份有限公司
114 台北市內湖區瑞光路76巷65號1樓
電話：+886-2-2796-3638　傳真：+886-2-2796-1377
服務信箱：service@showwe.com.tw
http://www.showwe.com.tw
郵政劃撥　19563868　戶名：秀威資訊科技股份有限公司
展售門市　國家書店【松江門市】
104 台北市中山區松江路209號1樓
電話：+886-2-2518-0207　傳真：+886-2-2518-0778
網路訂購　秀威網路書店：http://store.showwe.tw
國家網路書店：http://www.govbooks.com.tw

出版日期　2017年11月　BOD一版
定　　價　320元

Printed in Taiwan

國家圖書館出版品預行編目

有一種記憶：我在紅色十年 / 王宣著. -- 一版.
-- 臺北市：新銳文創, 2017.11
面； 公分. -- (血歷史；92)
BOD版
ISBN 978-986-95251-9-0(平裝)

1.文化大革命 2.文集

628.75 106016214

讀者回函卡

感謝您購買本書，為提升服務品質，請填妥以下資料，將讀者回函卡直接寄回或傳真本公司，收到您的寶貴意見後，我們會收藏記錄及檢討，謝謝！如您需要了解本公司最新出版書目、購書優惠或企劃活動，歡迎您上網查詢或下載相關資料：http:// www.showwe.com.tw

您購買的書名：____________________

出生日期：________年________月________日

學歷：□高中（含）以下　□大專　□研究所（含）以上

職業：□製造業　□金融業　□資訊業　□軍警　□傳播業　□自由業

□服務業　□公務員　□教職　□學生　□家管　□其它____

購書地點：□網路書店　□實體書店　□書展　□郵購　□贈閱　□其他

您從何得知本書的消息？

□網路書店　□實體書店　□網路搜尋　□電子報　□書訊　□雜誌

□傳播媒體　□親友推薦　□網站推薦　□部落格　□其他________

您對本書的評價：（請填代號　1.非常滿意　2.滿意　3.尚可　4.再改進）

封面設計____　版面編排____　內容____　文／譯筆____　價格____

讀完書後您覺得：

□很有收穫　□有收穫　□收穫不多　□沒收穫

對我們的建議：____________________

____

____

____

請貼
郵票

11466
台北市內湖區瑞光路 76 巷 65 號 1 樓

秀威資訊科技股份有限公司 收

BOD 數位出版事業部

....

（請沿線對折寄回，謝謝！）

姓　　名：＿＿＿＿＿＿＿＿＿　年齡：＿＿＿＿　性別：□女　□男

郵遞區號：□□□□□

地　　址：＿＿＿＿＿＿＿＿＿＿＿＿＿＿＿＿＿＿＿＿＿＿＿＿

聯絡電話：(日)＿＿＿＿＿＿＿＿＿＿(夜)＿＿＿＿＿＿＿＿＿＿

E-mail：＿＿＿＿＿＿＿＿＿＿＿＿＿＿＿＿＿＿＿＿＿＿＿＿＿